新能源汽车"1+X"职业技能等级认证配套教材

新能源汽车动力电池技术

组　编　中车云商（北京）信息技术有限公司
　　　　广东凌泰教育资源股份有限公司
主　编　杜慧起　李晶华
副主编　王　健　刘臣富　杜海兴　王永生　李江江

机械工业出版社

本书共分为新能源汽车作业安全与准备、动力电池结构原理与维修、电池管理器结构原理与维修、车载充电系统结构原理与维修、DC/DC转换器结构原理与维修五个项目。涵盖新能源汽车作业安全与工具；动力电池结构原理、动力电池一般检查与保养、动力电池功能检查与更换、动力电池系统故障诊断；电池管理器结构原理、电池管理器一般检查、电池管理器检测、电池管理器故障诊断；车载充电系统结构与原理、车载充电系统保养/检查与维修、车载充电系统故障诊断；DC/DC转换器结构原理、DC/DC转换器系统维修与故障诊断等内容。

本书适合作为1+X技能鉴定指导教材，同时也适合作为各职业院校新能源汽车专业的教材。

图书在版编目（CIP）数据

新能源汽车动力电池技术 / 杜慧起，李晶华主编 . —北京：机械工业出版社，2021.6（2025.1重印）

新能源汽车"1+X"职业技能等级认证配套教材

ISBN 978-7-111-68449-7

Ⅰ.①新… Ⅱ.①杜…②李… Ⅲ.①电动汽车 – 蓄电池 – 高等学校 – 教材 Ⅳ.① U469.720.3

中国版本图书馆 CIP 数据核字（2021）第 112543 号

机械工业出版社（北京市百万庄大街22号　邮政编码100037）
策划编辑：连景岩　责任编辑：连景岩　丁　锋
责任校对：肖　琳　封面设计：马精明
责任印制：邸　敏
中煤（北京）印务有限公司印刷
2025年1月第1版第5次印刷
184mm×260mm · 11.25 印张 · 268 千字
标准书号：ISBN 978-7-111-68449-7
定价：49.90元

电话服务　　　　　　　　　网络服务
客服电话：010-88361066　　机　工　官　网：www.cmpbook.com
　　　　　010-88379833　　机　工　官　博：weibo.com/cmp1952
　　　　　010-68326294　　金　书　网：www.golden-book.com
封底无防伪标均为盗版　　　机工教育服务网：www.cmpedu.com

编审委员会

主　任　高子开　吴友生
副主任　杨述晟　高　婵　王　健　张　可
编　委　马庆来　李雪涛　张建潭　白铁成
　　　　　覃春海　王庆丰　褚小欣　杨柳春

前言

2019年国务院印发的《国家职业教育改革实施方案》提出在职业院校、应用型本科高校起动"学历证书+职业技能等级证书"（即1+X证书）制度试点，鼓励学生在获得学历证书的同时，积极取得多类职业技能等级证书。

为了提高参加职业技能鉴定考试学生的理论和技能水平，帮助职业技能鉴定考评人员更好地熟悉和把握职业技能鉴定的政策和发展趋势，我们根据职业技能等级证书技能鉴定标准编写了《新能源汽车动力电池技术》。

本书涵盖《智能新能源汽车职业技能等级证书》中新能源汽车动力电池技术相关的鉴定与考核标准，将初级、中级、高级鉴定融合到本书中，并加以区分（★表示初级考核内容；★★表示中级考核内容；★★★表示高级考核内容）。针对目前各汽车院校实训与鉴定车型不统一的现状，本书不指定车型并尽可能兼顾比亚迪、北汽、吉利等多款车型。

本书共分为新能源汽车作业安全与准备、动力电池结构原理与维修、电池管理器结构原理与维修、车载充电系统结构原理与维修、DC/DC转换器结构原理与维修五个项目。涵盖新能源汽车作业安全与工具；动力电池结构原理、动力电池一般检查与保养、动力电池功能检查与更换、动力电池系统故障诊断；电池管理器结构原理、电池管理器一般检查、电池管理器检测、电池管理器故障诊断；车载充电系统结构与原理、车载充电系统保养/检查与维修、车载充电系统故障诊断；DC/DC转换器结构原理、DC/DC转换器系统维修与故障诊断等内容。

本书适合作为1+X技能鉴定指导教材，同时也适合作为各职业院校新能源汽车专业的日常教学教材。

本书由中车云商（北京）信息技术有限公司和广东凌泰教育资源股份有限公司联合组织编写，主编由杜慧起、李晶华担任，王健、刘臣富、杜海兴、王永生、李江江任副主编，参加编写的还有蔡晓兵、于海东、蔡志海、陈海波、韦梅英、潘庆浩、邓冬梅等。

由于编者学识所限，书中难免有疏漏之处，希望读者予以谅解并指正，以便再版时修正补充。

编 者

目　录

前　言

项目1　新能源汽车作业安全与准备　/1

1.1　新能源汽车概述　/2
　　1.1.1　新能源汽车的定义与分类　/2
　　1.1.2　新能源汽车高压系统组成　/3
　　1.1.3　高压基础知识　/5
　　1.1.4　高压触电的危害　/7
　　1.1.5　常用维修、检测工具和仪器　/8
1.2　新能源汽车维修作业安全规范与注意事项　/12
　　1.2.1　维修作业安全规范　/12
　　1.2.2　注意事项　/13
1.3　新能源汽车维修工具、仪器的正确检查与使用　/14
　　1.3.1　绝缘拆装工具的认识　/14
　　1.3.2　绝缘手套　/14
　　1.3.3　钳形电流表　/15
　　1.3.4　绝缘测试仪　/15
　　1.3.5　放电工装　/17
1.4　新能源汽车高压安全防护措施　/18

项目2　动力电池结构原理与维修　/21

2.1　动力电池构造与原理　/22
　　2.1.1　动力电池概述　/22
　　2.1.2　动力电池分类及原理　/25
　　2.1.3　常见车型动力电池基本配置　/31
　　2.1.4　动力电池冷却系统　/41
　　2.1.5　动力电池管理系统　/45

2.2 动力电池系统一般检查及保养 / 50
　　2.2.1 高压系统下电及验电 / 50
　　2.2.2 动力电池检查保养★ / 51
　　2.2.3 动力电池冷却系统检查、保养及维修 / 54
2.3 动力电池功能检查与更换★★ / 59
　　2.3.1 动力电池总成的更换 / 59
　　2.3.2 动力电池开箱与密封 / 62
　　2.3.3 动力电池辅助元器件检查与更换 / 63
　　2.3.4 动力电池电流传感器的更换 / 63
　　2.3.5 动力电池模组的更换 / 65
　　2.3.6 高压继电器（接触器）、预充电阻的更换 / 67
　　2.3.7 电池管理器检查与更换 / 69
2.4 动力电池系统故障诊断★★★ / 70
　　2.4.1 动力电池故障诊断 / 70
　　2.4.2 动力电池系统典型故障 / 77

项目3　电池管理器结构原理与维修　/ 81

3.1 动力电池管理器结构与原理 / 82
　　3.1.1 动力电池管理器概述 / 82
　　3.1.2 电池管理器结构与原理 / 83
　　3.1.3 电池管理器应用 / 84
3.2 电池管理器一般检查★ / 90
　　3.2.1 动力电池管理系统故障码读取与清除 / 90
　　3.2.2 动力电池管理系统数据流读取 / 90
　　3.2.3 动力电池管理器（外装式）外观检查 / 91
　　3.2.4 动力电池管理系统电路图查询 / 91
3.3 电池管理器检测★★ / 104
　　3.3.1 电池管理器各端子电压检查 / 104
　　3.3.2 电池管理器线束及插接器的检查及更换 / 105
　　3.3.3 电池管理器更换 / 105
3.4 电池管理器故障诊断★★★ / 106
　　3.4.1 电池管理器线束、端子引发的故障诊断 / 107
　　3.4.2 电池管理器自发故障诊断 / 107
　　3.4.3 电池管理器数据异常故障诊断 / 107
　　3.4.4 电池管理器采样信号异常故障诊断 / 108
　　3.4.5 电池管理器通信故障诊断 / 108

目 录

项目4　车载充电系统结构原理与维修　/110

4.1　车载充电系统结构与原理　/111
4.1.1　车载充电系统概述　/111
4.1.2　车载充电系统组成与原理　/115
4.1.3　车载充电系统电路图查询　/126

4.2　车载充电系统检查与维修　/134
4.2.1　车载充电系统检查保养★　/134
4.2.2　车载充电系统检测与维修★★　/139

4.3　车载充电系统故障诊断★★★　/147
4.3.1　故障确认、读取故障码或上电再现故障　/147
4.3.2　车载充电系统数据流读取　/148
4.3.3　因线束、插接器引发的车载充电系统故障诊断　/148
4.3.4　不充电、充电慢故障诊断　/154
4.3.5　充电接口漏电故障诊断　/161

项目5　DC/DC转换器结构原理与维修　/162

5.1　DC/DC转换器结构与原理　/162
5.1.1　DC/DC转换器概述　/162
5.1.2　DC/DC转换器结构原理　/163

5.2　DC/DC转换器系统维修与故障诊断　/164
5.2.1　DC/DC转换器检测维修★★　/164
5.2.2　DC/DC转换器故障诊断★★★　/166

项目 1

新能源汽车作业安全与准备

【知识目标】

（1）能够叙述新能源汽车的定义与分类。
（2）能够掌握常见新能源汽车高压系统的组成。
（3）能够区分高压电等级划分及高压触电危害。
（4）能够掌握新能源汽车维修安全规范和注意事项。
（5）能够讲解新能源汽车高压安全防护措施。

【技能目标】

（1）能够正确整理、识别新能源汽车维修常用防护套装。
（2）能够正确检查防护套装。
（3）能够正确使用钳形电流表进行电路测试。
（4）能够正确使用绝缘测试仪测量高压设备绝缘电阻。
（5）作业结束后能够正确收集、清洁和整理工具，对工位进行7S操作。

【素养目标】

（1）遵守工作场所的法律法规和政策，拥有较高的安全意识。
（2）在需要的时候协助他人并提供帮助。
（3）能够合理地分析和解决完成任务时出现的问题。
（4）理解和阅读工作文件，报告书写清晰简洁。

1.1 新能源汽车概述

1.1.1 新能源汽车的定义与分类

1. 新能源汽车的定义

新能源汽车的定义在中国有一个不断变化的过程，在此过程中，中国新能源汽车的定义和包括的车辆类型逐渐由模糊变得清晰，同时也越来越科学规范。

根据《新能源汽车生产企业及产品准入管理规则》的主要政策，在2009年中国出现了"新能源汽车"的概念，包括混合动力汽车、纯电动汽车（Battery Electric Vehicle，BEV，包括太阳能汽车）、燃料电池电动汽车（Fuel Cell Electric Vehicle，FCEV）、氢发动机汽车、其他新能源（如高效储能器、二甲醚）汽车等多个类别产品。当时新能源汽车的主要特征是采用非常规的车用燃料作为动力来源（或使用常规的车用燃料、采用新型车载动力装置），综合车辆的动力控制和驱动方面的先进技术形成的技术原理先进，具有新技术、新结构的汽车。

根据《节能与新能源汽车产业发展规划（2012—2020年）》的主要政策，2012年依然沿用"新能源汽车"名词，但分类仅包括插电式混合动力汽车、纯电动汽车和燃料电池汽车，其主要特征是采用新型动力系统，完全或主要依靠新型能源驱动。

2. 新能源汽车的分类

就中国而言，"新能源汽车"一词源于 New Energy Vehicle（NEV），在中国当代语境下，新能源汽车主要是指纯电动汽车、混合动力汽车、燃料电池汽车三种。美国对于"新能源汽车"的定义指的是"替代燃料汽车"（Alternative Fuel Vehicle，AFV），这一定义与中国的相比更加宽泛。基于1992年美国能源政策法案的定义，替代燃料包括生物柴油、天然气、丙烷、电力、E85乙醇汽油、甲醇、煤基能源等。替代燃料汽车是一种设计为至少使用一种替代燃料驱动的专用、灵活燃料或双燃料汽车。

（1）纯电动汽车

纯电动汽车（BEV）顾名思义就是纯粹靠电能驱动（如铅酸电池、镍镉电池、镍氢电池或锂离子电池），而不需要其他能量（如汽油、柴油等）的车辆。它可以通过家用电源（普通插座）、专用充电桩或者特定的充电场所进行充电，以满足日常的行驶需求。

（2）混合动力汽车

广义上讲，混合动力汽车（Hybrid Vehicle）是指车辆驱动系统由两个或多个能同时运转的单个驱动系统联合组成的车辆，车辆的行驶功率依据实际的车辆行驶状态由单个驱动系统单独或共同提供。

通常所说的混合动力汽车，一般是指油电混合动力汽车（Hybrid Electric Vehicle，HEV），即采用传统的内燃机（柴油机或汽油机）和电机作为动力源。

（3）燃料电池汽车

燃料电池汽车（FCEV）是利用氢气等燃料和空气中的氧气在催化剂的作用下在燃料电池中经电化学反应产生电能，并作为主要动力源驱动的汽车。燃料电池汽车也是电动汽车的一种，结构基本类似，只不过多了一个燃料电池和氢气罐。

纯燃料电池汽车只有燃料电池一个动力源，汽车的所有功率负荷都由燃料电池承担。

燃料电池汽车多采用混合驱动形式，在燃料电池的基础上，增加了一组电池或超级电容作为另一个动力源。

（4）其他新能源汽车

其他新能源汽车指使用高效储能器（如超级电容、飞轮等）和非常规的车用燃料（如乙醇、甲醇、二甲醚、氢气等）作为动力来源的汽车。

目前在我国，新能源汽车主要指插电式混合动力汽车、纯电动汽车和燃料电池汽车。

1.1.2 新能源汽车高压系统组成

1. 比亚迪 e5 高压系统组成

比亚迪 e5 高压系统主要由动力总成、高压电控总成、动力电池组、动力电池管理器、主控制器（主控 ECU）、其他高压辅助设备组成。

（1）动力总成

比亚迪纯电动汽车目前使用的电机为交流无刷永磁同步电机，通过采集电机旋转变压器（简称旋变）信号进行工作，驱动电机最大功率为 160kW。电机可向外输出转矩，驱动汽车前进后退；同时也可以作为发电机发电（例如，在高坡下滑、高速滑行以及制动过程中把势能或者动能通过电机转化为电能存储）。

（2）高压电控总成

高压电控总成内部集成了双向交流逆变式电机控制器（VTOG）、高压配电箱和漏电传感器、车载充电器（预留）、DC/DC 转换器，安装在车辆前舱内。

高压电控总成的主要功能包括：

1）控制高压交/直流电双向逆变，驱动电机运转，实现充、放电功能（VTOG、车载充电器）。

2）实现高压直流电转化成低压直流电为整车低压电器系统供电（DC/DC 转换器）。

3）实现整车高压回路配电功能以及高压漏电检测功能（高压配电箱和漏电传感器模块）。

4）直流充电升压功能。

5）CAN 通信、故障处理记录、在线 CAN 烧写以及自检等功能。

（3）动力电池组

动力电池组采用磷酸铁锂电池，电池容量 43kW·h，最大行驶里程为 305km。采用 1 个电池管理器（BMC）和 13 个电池信息采集器（BIC）以及 1 套动力电池采样线。

动力电池组内部由电池模组、动力连接片、连接电缆、采集器、采样线、电池组固定压条、密封条等部件组成。

（4）动力电池管理器

动力电池管理器（电池管理器）是纯电动汽车动力控制部分的核心，负责整车电动系统的电力控制并实时监测高压电力系统的用电状态，采取保护措施，保证车辆安全行驶。比亚迪 e5 纯电动汽车电池管理器安装在高压电控总成的后方，同时高压配电箱还与其配合。

（5）主控制器（主控 ECU）

比亚迪 e5 纯电动汽车主控制器是车辆的管理控制单元，安装在副仪表台，主要功能是通过对 CAN 总线上的信息进行综合判断，实现对各个 ECU 的监控、管理和协调工作。通过对其他ECU发过来的信息以及自身采集到的信号进行判断和处理，它可以确保纯电动汽车上各主要用电设备正常工作；当检测到异常情况时，会发出一些如限流、关闭空调等控制要求；同时，将故障码存储在自身的存储器中，在紧急情况下，保障车辆的安全。它还能对冷却风扇电动机进行控制，确保车辆水冷系统及时散热；对真空助力系统的真空泵进行控制，将真空气罐的真空度控制在合适的范围内，确保提供充分的制动助力，并在其失效时采取有效措施以保证安全；对车速、行驶里程进行测试和计算，并将计算结果通过CAN总线发送给显示仪表进行显示输出。

（6）其他高压辅助设备

1）漏电保护器：通过将一端与负极相连，一端与车身相接，检测电流和电压值，一旦发现有超出限定的电流和电压，则发出警告，并切断控制模块，保证用电安全。动力电池系统泄漏电流量不超过2mA；整车绝缘电阻值应大于100Ω/V。

2）应急开关：通常设计为人工操作的安全开关，一般设计在高压电池组的正负极近端，保证通过人工操作应急开关能够在紧急情况下将高压电池组的电压封闭。

纯电动汽车保留了传统汽车的加速踏板、制动踏板和各种操纵手柄等，但它不需要离合器。在纯电动汽车工作时，传感器将加速踏板、制动踏板机械位移的行程量转换为电信号，输入到控制系统，经控制系统处理后发出驱动信号，实现对电动汽车的控制。

比亚迪e5纯电动汽车工作原理如图1-1-1所示。电源接通，汽车前进行驶时，主控ECU接收档位控制器、加速踏板和角度传感器等信息，传递给电机控制器，从而控制流向前驱动电机的电流。此时电池组电流通过应急开关、配电箱/继电器之后，一路经过电机控制器向前驱动电机供电使电机运转，再经过变速器/差速器和传动轴带动两个前轮行驶；另一路经DC/DC转换器，将电池组330V的高压直流电转换为12V的低压直流电供整车用电设备使用。同时动力电池接受电池管理器的监控，监控动力电池的瞬时电压、电流、温度、存储电量等情况，以防止动力电池过放电或温度过高损坏动力电池。如果发生漏电情况，漏电保护器起作用。一旦发生短路等紧急情况，串联在电池组中的熔丝熔断，起保护作用。当电池组电量不足时，在停车情况下可通过直流充电站或220V交流充电桩分别经过充电接口或车载充电器（AC/DC转换器）、配电箱/继电器、应急开关对电池组充电。

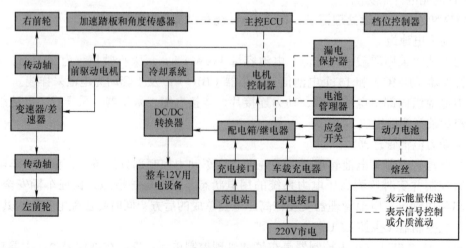

图1-1-1 比亚迪e5纯电动汽车工作原理

2. 比亚迪宋 Pro DM 高压系统组成

比亚迪宋 Pro DM 高压系统如图 1-1-2 所示。

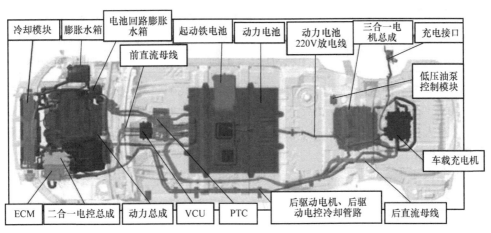

图 1-1-2　比亚迪宋 Pro DM 高压系统

（1）动力电池

动力电池是 DM 车主要动力能源之一，它为整车驱动和其他用电器提供电能，动力电池电压为 394.2V，标称容量为 40A·h。

（2）隔离双向车载充电机

隔离双向车载充电机（Bidrection On-Board Charger，Bi-OBC，以下简称 OBC）与 DC/DC 转换器（DC/DC Converter，DC）集成模块（简称 OBC&DC）主要有三个功能，一是将电网的 220V 交流电转换成高压直流电给动力电池充电；二是将高压直流电转换成低压直流电，给整车低压负载及起动蓄电池供电；三是将高压直流电转换成家用 220V 交流电，给车内及车外一般家用负载供电。

（3）二合一电控总成

二合一电控总成集成驱动电机控制器模块、BSG 电机控制器模块和高压配电模块，安装在前舱左纵梁内侧。驱动电机控制器是控制动力电池与前驱动电机之间能量传输的装置。主要功能为控制前驱动电机，使发动机、前驱动电机共同驱动车辆行驶，同时包括 CAN 通信、故障处理、在线 CAN 烧写、与其他模块配合完成整车的工作要求以及自检等功能。它是由输入输出接口电路、驱动电机控制电路和驱动电路组成。BSG 电机控制器是控制动力电池与 BSG 电机之间的能量传输装置。主要功能为起停发动机、发电、稳压、协助换档等。高压配电模块为整车各高压用电器提供高压电保护和分配。

1.1.3　高压基础知识

1. 高压基本概念

根据最大工作电压 U，将电气元件或电路分为以下等级，见表 1-1-1。

考虑到空气的湿度和人体在不同工作环境下的电阻，基于安全考虑将车辆电压分为以下安全级别，即：

表 1-1-1　电动汽车的工作电压等级划分

电压等级	最大工作电压 /V	
	直流	交流（50~150Hz）
A	$0 < U \leq 60$	$0 < U \leq 30$
B	$60 < U \leq 1500$	$30 < U \leq 1000$

A 级：较为安全的电压等级，直流电压小于或等于 60V；交流电在规定的 150Hz 频率下，低于 30V，在该电压下的维护人员不需要采取特殊的防电保护。

B 级：对人体会产生伤害，被认为是高压。在该电压下必须采取必要的防护设备对维护人员进行保护。

在新能源汽车中，低压通常指 12V 电源系统的电气线路的电压，而高压主要指动力电池及相关线路的电压。

2. 新能源汽车的高压标识

为防止意外触及高压电，电动汽车对高压部件均采用特殊的标识或颜色，对维修人员或车主给予警示。电动汽车通常采用两种形式进行高压标识，包括高压警示标识和高压警示颜色（橙色），如图 1-1-3 和图 1-1-4 所示，其中高压导线和插接器都采用橙色作为警示颜色。

图 1-1-3　高压警示标识

图 1-1-4　高压警示颜色（橙色）

1.1.4 高压触电的危害

通常，当人体接触到 30V 以上的交流电或 60V 以上的直流电时，就有可能发生人体触电事故。人体的触电并不是指人体接触到了很高的电压，是因为过高的电压通过人体这个电阻后，会在人体中形成电流，从而导致人体的伤害。因此必须注意的是，伤害人体的不是电压，而是电流。

人体基本电阻值如图 1-1-5 所示。但人体的电阻会存在个体的差异性，例如胖的和瘦的，男的和女的，其电阻值都不一样；而且人所处的工作环境也会导致人体的电阻值发生变化，例如在潮湿的夏天和干燥的冬天，人体表现的电阻就不一样，环境越潮湿，人体的电阻就会越小。

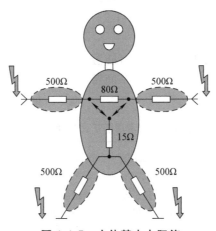

图 1-1-5 人体基本电阻值

当电压高到一定值以后，会有相应的电流流过人体，不同电流值对人体的伤害如图 1-1-6 所示。

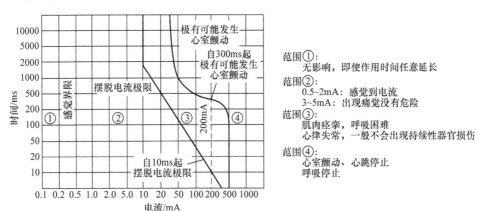

图 1-1-6 不同电流值对人体的伤害

此外，需要注意的是，人体之所以导电，主要原因是血液中含有电解液成分，电解液成分导致了导电性。当然人体的皮肤、肌肉也具有一定的导电能力。对于大多数人，整个身体的总电阻值是很低的，特别是有主动脉的地方（胸腔部位和躯干），而最大的危险发生在电流通过人体心脏时刺激心脏产生的异常颤振。高压电对人体的伤害如图 1-1-7 所示。

例如，当一个 288V 直流电压穿过人体后（图 1-1-7），用欧姆定律粗略计算出通过人体的电流：$I=U/R=288V/1080Ω = 0.27A$。

0.27A 即 270mA，如图 1-1-6 所示可知这个电流值如果加载在人体上，在心脏滞留一定的时间就会致命！

1.1.5 常用维修、检测工具和仪器

1. 个人防护用具

在拆除和安装高压部分部件时往往需要使用个人防护用具，常用防护用具及说明见表 1-1-2。

2. 车间防护设备

新能源汽车常用的车间防护设备主要有防静电工作台、绝缘胶垫、灭火器、隔离带、车间警示标识等，详细内容见表 1-1-3。

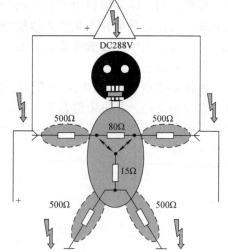

图 1-1-7 高压电对人体的伤害

表 1-1-2 常用防护用具及说明

工具	说明
 绝缘手套	绝缘手套电压等级共分 5 级，0 级绝缘手套的适用电压为 380V，1 级绝缘手套的适用电压为 3000V，2 级绝缘手套的适用电压为 10000V，3 级绝缘手套的适用电压为 20000V，4 级绝缘手套的适用电压为 35000V。新能源汽车用绝缘手套耐压等级需在 1 级以上，绝缘手套使用时要先进行测漏检查
 皮手套	使用时要将绝缘手套套在外面
 绝缘鞋	绝缘鞋靴可防止高压电通过大地与人体形成导电回路，主要适用于高压电力设备方面。电工作业时作为辅助安全用具，在 1kV 以下可作为基本安全用具
绝缘靴	

（续）

工具	说明
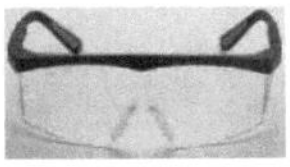 防护眼镜	防护眼镜可防止腐蚀液体或电弧伤害眼睛
 绝缘帽	绝缘帽可以防止头部触碰到高压电
 绝缘服	绝缘服可以防止身体触碰到高压电

表 1-1-3 车间防护设备及说明

工具	说明
 绝缘胶垫	绝缘胶垫具有较大体积电阻率，耐电击穿，用于配电等工作场合的台面或铺地绝缘材料，能起到较好的绝缘效果
 隔离带	隔离带是将车辆高压电气系统的作业场地隔离，防止其他人员随意进入，起到隔离和警示的作用

（续）

工具	说明
 高压电气系统已接通！高压触点未暴露在外	车间警示标志用于提醒电气设备高压危险
 高压电气系统已接通！高压触点暴露在外	
 正在维修禁止操作	
 防静电工作台	在对新能源汽车电力电子部件或总成进行检测时，防静电工作台可防止静电击穿电力电子元器件
 灭火器	动力电池外部着火可使用干粉灭火器或二氧化碳灭火器对火势进行压制

3. 常用仪器、工具、设备

常用仪器、工具、设备及说明见表 1-1-4。

表 1-1-4　常用仪器、工具、设备及说明

工具	说明
 绝缘拆装工具	因为新能源汽车上的电压等级与传统汽车不同，在进行新能源汽车维护维修作业时，需要用满足绝缘等级要求的新能源汽车专用工具

（续）

工具	说明
 数字电流钳	数字电流钳是一种用于测量正在运行的电气线路的电流大小的仪表，可在不断电的情况下测量电流，是专门测量大电流的电工仪器
 绝缘电阻表	绝缘电阻表，俗称兆欧表，常适用于变压器、电机、线缆、开关、电器等各种电气设备及绝缘材料的绝缘电阻测量。同时也可显示绝缘电阻电压的实际值（50V/100V/250V/500V/1000V），绝缘电阻测试高达10GΩ。由于绝缘测试时测试表笔输出高压电，因此进行绝缘测试时需要佩戴绝缘手套
 蓄电池内阻测试仪	蓄电池内阻测试仪能够精确测量蓄电池的两端电压和内阻，并以此来判断蓄电池电池容量和技术状态的优劣。现在的智能蓄电池测试仪既能准确测量蓄电池健康状态和荷电状态以及连接电阻，通过在线方式还能显示并记录单节或多组电池的电压、内阻、容量等重要参数，精确有效地挑出落后电池，并可与计算机及专用电池数据管理软件产生测试报告，跟踪电池的衰变趋势，并提供维护建议
 放电工装	直流高压放电工装适用于800V以下的电压，可用于汽车电容放电
 高压放电棒	高压放电棒在对高压输出设备进行检修和维护时使用，特别是在做直流耐压试验后，对试品上积累的电荷进行对地放电，确保人身安全
 示波器	用来测量交流电、脉冲电流波的形状，它能把肉眼看不见的电信号变换成看得见的图像，便于人们研究各种电现象的变化过程

（续）

工具	说明
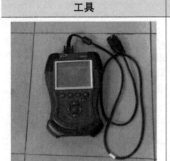 汽车故障诊断仪	汽车故障诊断仪是在读码器的基础上发展起来的检测仪器，它除了能读码、清码外，还具有显示诊断故障内容的功能，即具有解码功能。因此，使用诊断仪无需再从汽车维修手册中查故障码的含义，使用起来更为便捷

1.2 新能源汽车维修作业安全规范与注意事项

1.2.1 维修作业安全规范

新能源汽车涉及高压电，在维修过程中只有保证按照工作流程进行，才能保护人们的自身安全和车辆、设备的安全。

1. 新能源汽车维修作业流程

新能源汽车维修时必须严格按照流程进行，其维修的合理流程如图 1-2-1 所示。

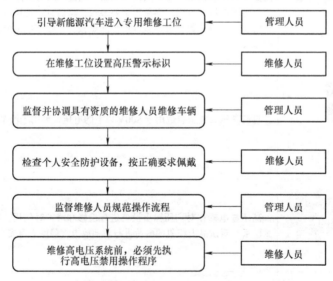

图 1-2-1　新能源汽车维修流程图

2. 高压禁用操作步骤

拆卸维修高压系统前，必须先执行高压禁用流程！高压禁用操作步骤如下：

① 移——移除车辆上所有外部电源，包括 12V 蓄电池充电器。

② 拔——拔出充电枪（仅针对插电式混合动力汽车或电动汽车）。

③ 关——关闭点火开关（打在 OFF 档），把钥匙放到安全区域。

④ 断——断开 12V 蓄电池负极，并远离负极区域。

⑤ 取——佩戴个人安全防护用具（绝缘手套、绝缘胶鞋），取下维修开关（MSD），放到安全区域。

⑥ 等——等待 5min，以保证高压能量全部释放。

⑦ 查——拆卸高压连接器，开始下一步的电压验证。

1.2.2 注意事项

电动汽车对维修人员有特殊的安全操作要求，包括图 1-2-2 所示的四个方面。

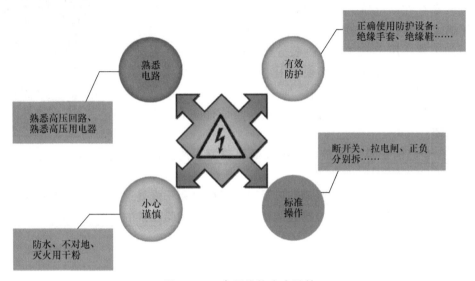

图 1-2-2 高压维修安全防护

具体要求和注意事项如下：

① 未经高压安全培训并取得许可证的维修人员，不允许对高压部件进行维修操作。

② 高电压修理与维护过程中，维修人员禁止将手表、金属笔等金属物品随身携带。

③ 车辆在充电过程中不允许对高压部件进行拆装、维修等工作。

④ 对于车辆维修过程中的高压配件必须立即标识明显的高压勿动警示（图 1-2-3），并禁止将带有高压电的部件放置在无人看管的环境下。

⑤ 在车体高电压或高温处均有"警告标示"，严格按标示要求操作。

图 1-2-3 高压勿动警示

⑥ 洗车时请勿将高压水枪向充电接口部位喷射，以免充电接口进水，发生触电危险。

⑦ 使用指定的充电插座及充电线，切勿自行选择充电设备。

⑧ 车辆消防灭火时，禁止使用"水浇法"，要用"干粉"灭火器。

⑨ 车辆维修时，不可车体湿润或带水操作。

⑩ 更换动力电池时，注意防酸碱，使用工业"防碱手套"，并佩戴防护目镜。
⑪ 车辆拆装时，不可同时操作正负极。
⑫ 对高压系统检修后一定要对拆卸或更换过的零部件进行检查，避免因检修后忘记恢复造成其他影响。

1.3 新能源汽车维修工具、仪器的正确检查与使用

1.3.1 绝缘拆装工具的认识

电动汽车存在高电压，因此在对高压系统部件进行维修时必须使用绝缘拆装工具，如图1-3-1所示。绝缘工具是采用绝缘材料进行加工并适用于电气系统拆装等操作的使用工具。电动汽车涉及高压部分零件的拆装必须使用绝缘工具，且绝缘工具必须装有耐压1000V以上的绝缘柄。

绝缘工具的使用方法与普通工具相同，但是有以下特别需要的注意事项：

1）应有专门的工具室存放，室内应通风良好、清洁、干燥。

图1-3-1 绝缘拆装工具

2）若发现绝缘工具损伤或受潮，应及时进行检修和干燥处理，试验合格后方可使用。

3）绝缘工具必须定期进行绝缘性能试验，不符合试验要求的，禁止使用。

1.3.2 绝缘手套

绝缘手套用橡胶、乳胶、塑料等材料制成，具有防电、防水等功能。高压绝缘手套用于在高电压下作业，适用500~36000V的工作电压范围。

在使用绝缘手套前请按照以下步骤确认绝缘手套无裂纹、磨损以及其他损伤。

1）卷起手套边缘，并封住手套，如图1-3-2a所示。

a) b)

图1-3-2 推荐的绝缘手套检查流程

2）用手捏一捏确认无空气泄漏，如图1-3-2b所示。

也可以用向绝缘手套吹气的方法检查是否磨损和泄漏，如图 1-3-3 所示。

1.3.3 钳形电流表

在电动汽车维修与诊断时，经常需要测量导线中的电流。由于驱动系统的导线（如逆变器与电机之间）存在较大的交变电流，需要使用钳形电流表进行间接测量。

钳形电流表主要由一只电流表和穿心式电流互感器组成。穿心式电流互感器铁心制成活动开口，且成钳形，故名钳形电流表。这是一种不需断开电路就可直接测电路交流电流的携带式仪表。

图 1-3-3　吹气法检查绝缘手套

在测量电流时，可以按以下步骤进行：

1）估算电流大小，选择正确档位与电流类型。例如，如果需要测量三相电机的一相电流，如图 1-3-4 所示，选择交流电流档。

2）打开电流钳，将被测量线路放入电流钳口之中。

<u>注意：</u>
<u>测量时，电流钳应该保持钳口闭合，否则会测量出不正确的电流</u>，如图 1-3-5 所示。

图 1-3-4　档位选择

图 1-3-5　钳口闭合测试

3）起动被测量装置，读取电流值。

4）如需测量一个变化的电流，应在上步的基础上按下"MAX"键后再起动电流钳（或根据电流表使用说明操作）。

1.3.4 绝缘测试仪

电动汽车的运行工况非常复杂，在运行过程中难免会出现部件和导线之间的摩擦、碰撞、挤压等，导致高压电路与车辆之间的绝缘性能下降。电源正负极通过绝缘层和底盘构成漏电回路，并可能造成电气火灾。因此高压电气对车辆底盘的绝缘性是电动汽车的技术关键。在进行电动汽车检查和维护时会使用绝缘测试仪检测绝缘性能也至关重要。

（1）绝缘检查工具介绍

通常检查绝缘的工具有绝缘电阻测试仪，图 1-3-6 为某品牌绝缘电阻测试仪外观。

（2）绝缘电阻测试仪使用注意事项

绝缘电阻测试仪的使用注意事项如下：

① 应严格按照使用手册的规定使用，否则可能会破坏测试仪提供的保护措施。

② 在将测试仪与被测电路连接之前，始终记住要选用正确的端子、开关位置和量程。

③ 用测试仪测量已知电压来验证测试仪操作是否正常。

④ 端子之间或任何一个端子与搭铁点之间施加的电压不能超过测试仪上标示的额定值。

⑤ 电压在AC30V（RMS）、AC 42V（峰值）或DC60V以上时应格外小心，这些电压有造成触电的危险。

⑥ 出现电池低电量指示符时，应尽快更换电池。

⑦ 测试电阻、连通性、二极管或电容以前，必须先切断电源，并将所有的高压电容器放电。

⑧ 切勿在爆炸性的气体或蒸气附近使用测试仪。使用测试导线时，手指应保持在保护装置的后面。

（3）测量绝缘电阻的步骤

根据欧洲经济委员会ECE-R100标准，绝缘电阻必须至少为500Ω/V。例如：288V×500Ω/V=1.44MΩ，测量工具的测量电压至少要与检测部件的常规工作电压一样高。

表1-3-1为电动汽车的高压线束检查表，请按表中操作步骤对电动汽车的高压线束进行检查。

图1-3-6　某品牌绝缘电阻测试仪外观

表1-3-1　电动汽车的高压线束检查表

操作步骤	操作说明
① 将测试探头插入V和COM（公共）输入端子	—
② 将旋转开关转至所需要的测试电压	—
③ 将探头与待测电路连接，测试仪会自动检测电路是否通电	如果电路中的电压超过30V（交流或直流），在主显示位置显示电压超过30V警告的同时，还会显示高压符号。在这种情况下，测试被禁止。在继续操作之前，先断开测试仪的连接并关闭电源
④ 按压测试按钮，此时将获得一个有效的绝缘电阻读数	辅显示位置上显示被测电路上所施加的测试电压。主显示位置上显示高压符号并以MΩ或GΩ为单位显示电阻。显示屏的下端出现测试图标，直到释放测试按钮。当电阻超过最大显示量程时，测试仪显示">"符号以及当前量程的最大电阻
⑤ 继续将探头留在测试点上，然后释放测试按钮，被测电路即开始通过测试仪放电	被测电路即开始通过测试仪放电。主显示位置显示电阻读数，直到开始新的测试或者选择了不同功能或量程，或者检测到了30V以上的电压

（4）高压元件绝缘电阻检查

绝缘测试只能在不通电的电路上进行。图1-3-7为在车上测试绝缘性能的示意图，黑表笔接车身，红表笔测量电气元件相应的端子。

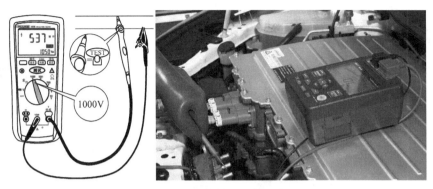

图 1-3-7 绝缘性能测试示意图

以某车型为例，表 1-3-2 为使用绝缘电阻测试仪检查相关电气元件的步骤及标准。使用绝缘电阻测试仪对绝缘性能进行评价，按照表 1-3-2 中的指引进行操作。

表 1-3-2 绝缘电阻测试仪检查电气元件的步骤及标准

高压部件	检测项目	检测方法	标准值
动力电池	动力电池正负极与车身（外壳）绝缘电阻的检测	① 拔掉高压接线盒动力电池输入线 ② 将钥匙转至 ON 档 ③ 将绝缘电阻表黑表笔接车身，红表笔逐个测量动力电池正负极端子	动力电池正极绝缘电阻为 ≥ 1.4MΩ；负极绝缘电阻为 ≥ 1.0MΩ
车载充电机	车载充电机正负极绝缘电阻的检测	① 将低压蓄电池负极断开 ② 拔掉高压接线盒插接器 ③ 将绝缘电阻表黑表笔接车身，红表笔逐个测量高压接线盒插接器的 B（正极）和 H（负极）	在环境温度为 21~25 ℃ 和相对湿度为 45%~75% 时，车载充电机正负极输出端与车身（外壳）之间的绝缘阻值 ≥ 1000MΩ；在环境温度为 21~25 ℃ 和相对湿度为 90%~95% 时，车载充电机正负极输出端与车身（外壳）之间的绝缘电阻 ≥ 20MΩ
DC/DC 转换器	DC/DC 转换器绝缘电阻的检测	① 将低压蓄电池负极断开 ② 拔掉高压接线盒插接器 ③ 将绝缘电阻表黑表笔接车身，红表笔逐个测量 A（正极）和 G（负极）	在环境温度为 21~25 ℃ 和相对湿度为 80%~90% 时，高压输入端与车身（外壳）绝缘电阻 ≥ 1000MΩ；在环境温度 -20~65 ℃ 和相对湿度 5%~85% 时，高压输入端与车身（外壳）绝缘阻值 ≥ 20MΩ

1.3.5 放电工装

验电过程中，很多高压部件负载等均会存在一定残余电量，为了后续维修作业的安全性，必须进行相应的放电，把残余电压放干净，再进行高压维修作业。

通常使用专用放电器进行放电操作，如图 1-3-8 所示。使用放电工装前，首先要查看放电工装相关参数规格，并进行相关功能试验；当有电荷通过放电工装时，放电工装相应的小灯会亮起，直到

图 1-3-8 放电工装

灯熄灭，放电一次完毕。放电一次完毕，必须再次进行验电操作，保证放电真正有效。

1.4 新能源汽车高压安全防护措施

针对功能失效、高压安全等方面所做的预防式保护措施主要有高压互锁、碰撞保护、开盖检测、主动泄放、被动泄放、电源极性反接保护等。车辆高压安全防护措施如图 1-4-1 所示。

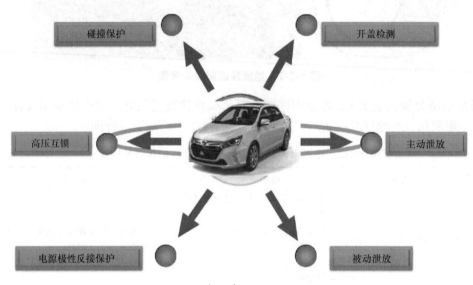

图 1-4-1 车辆高压安全防护措施

1. 高压互锁

高压互锁指的是电动汽车的主要高压插接器均带有互锁回路，当其中某个插接器被带电断开时，动力电池管理系统便会检测到高压互锁回路存在断路，为保护人员安全，将立即进行警告并断开主高压回路电气连接，同时激活主动泄放。高压互锁的功能：高电压触点监控电路可在出现带电状态断开高压电路的情况时，通过低压电路控制高压主接触器断开，防止触电风险。

高压互锁的实现，如图 1-4-2

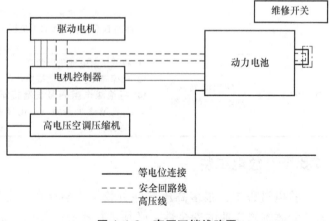

图 1-4-2 高压互锁线路图

所示。安全回路线是个环形线路，通过 12V 电网元件来监控高电压电网；不能在未断开安全线的情况下就拔下高压插头（设计实现）；安全回路线要是断路的话，会导致高压系统立即被切断。

比亚迪唐高压驱动互锁连接图和充电高压互锁连接图如图 1-4-3 和图 1-4-4 所示。

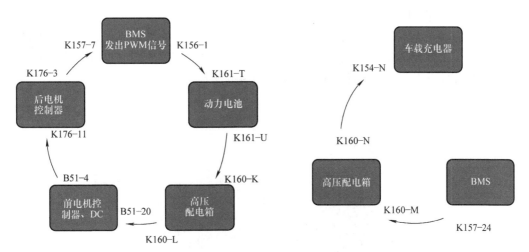

图 1-4-3　高压驱动互锁连接图　　　　图 1-4-4　充电高压互锁连接图

2. 碰撞保护

碰撞保护指当车辆发生碰撞时，动力电池管理器检测到碰撞保护信号大于一定阈值时，会切断高压系统主回路的电气连接，同时通知驱动电机控制器激活主动泄放，从而可使发生碰撞时的短路危险、人员电击危险降到最低。

3. 开盖检测

开盖检测指的是电动汽车的重要高压电控元件具有开盖检测功能，当发现这些元件的盖子在整车高压回路连通的情况下打开时，如图 1-4-5 所示，会立即进行报警，并断开高压主回路电气连接，同时激活主动泄放。

4. 主动放泄

主动泄放指的是驱动电机控制器中含有主动泄放回路，当检测到车辆发生较大碰撞，或高压回路中某处插接器存在拔开状态，或含有高压的高压电控元件存在开盖的情况时，控

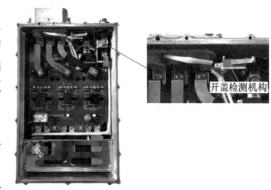

图 1-4-5　开盖检测

制器可在 5s 内将高压回路直流母线电压主动泄放到 60V 以下，迅速释放危险电能，最大限度保证人员安全。

5. 被动放泄

被动泄放指在含有主动泄放的同时，驱动电机控制器、空调驱动控制器等内部含有高压的电控产品同时设计有被动泄放回路，可在 2min 内将高压回路直流母线电压泄放到 60V 以下，被动泄放作为主动泄放失效的二重保护。被动泄放功能：为了保证即使在已把部件拆卸下来的情况下，也可以把残余电压消除掉。

6. 电源极性反接保护

电源极性反接保护是指防止将电源极性接反的保护措施，意外接错电源正负极时，系统将自动切断高压。比如在直流电源接入端串一个二极管，电源正负极接反时就不会连通，保护后面的电路不会因电源接反而烧坏。如果接个整流桥堆，则不论直流电源正反，还是

交流电源接反,都可以获得正确的电源极性。

此外,电动汽车高压系统的每一个高压回路均有熔丝作为过电流保护。动力电池总成内部增加了一定数量的熔丝、继电器进行保护。即使发生碰撞短路,也可保证动力电池等高压元器件及线束不会短路损坏或起火,如图1-4-6所示。

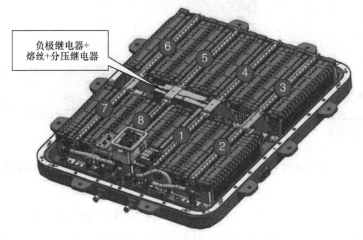

图1-4-6　动力电池内部熔丝盒

同时还设有动力电池漏电传感器,如图1-4-7所示。漏电传感器用于对电动汽车直流动力电源母线与其外壳、车身底盘之间的绝缘阻抗检测,通常检测与动力电池输出端相连接的负极母线与车身底盘之间的绝缘电阻,来判断动力电池的漏电程度。当动力电池漏电时,传感器发出一个信号给电池管理器,电池管理器接到漏电信号后,进行相关保护操作并报警,防止动力电池的高压电外泄,造成人或者物品的伤害和损失。漏电传感器工作原理系统框图如图1-4-8所示。

负极与车身搭铁时,若 $20\text{k}\Omega < 绝缘阻值 \leq 100\text{k}\Omega$,则为一般漏电;若绝缘阻值 $\leq 20\text{k}\Omega$,则为严重漏电。

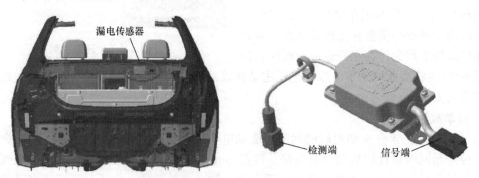

图1-4-7　漏电传感器位置及外观

图1-4-8　漏电传感器工作原理系统框图

项目 2

动力电池结构原理与维修

【知识目标】

(1) 能够叙述动力电池的作用及组合方式。
(2) 能够理顺动力电池的关键性能指标。
(3) 能够讲解动力电池的分类、类型及各自优缺点。
(4) 能够理顺常见车型动力电池的参数。
(5) 能够理解动力电池冷却系统的意义和分类组成。
(6) 能够描述动力电池管理系统的功能及分类。

【技能目标】

(1) 能够正确进行高压下电、验电和上电操作。
(2) 能够正确进行动力电池外观、线缆、高低压插接器、单体电池电压、工作温度、绝缘值等的检查。
(3) 能够正确进行动力电池冷却系统的保养与维修,包括冷却液液位的检查、冷却液排放与加注、电子冷却液泵的更换、冷却系统密封性检查、冷却管路更换、电子风扇总成更换、散热器总成更换等。
(4) 能够正确进行动力电池动力电池开箱、动力电池辅助电子元器件更换。
(5) 能够对动力电池系统进行综合故障诊断。
(6) 作业结束后能够正确收集、清洁和整理工具和耗材,对工位进行7S操作。

【素养目标】

(1) 遵守工作场所的法律法规和政策,拥有较高的安全意识。
(2) 在需要的时候协助他人并提供帮助。
(3) 能够合理地分析和解决完成任务时出现的问题。
(4) 理解和阅读工作文件,报告书写清晰简洁。

2.1 动力电池构造与原理

2.1.1 动力电池概述

1. 动力电池的作用

将化学能转换成电能的装置称为化学电池,通常简称为电池。电池放电后,能够用充电的方式使内部活性物质再生把电能储存为化学能;需要放电时,再次把化学能转换为电能,这类电池称为蓄电池,一般又称二次电池。

动力蓄电池(简称动力电池)的作用是接收和储存由车载充电机、发电机、制动能量回收装置或外置充电装置提供的高压直流电,并且为电动汽车提供高压直流电。

2. 动力电池组组合方式

(1) 串联

n 个单体电池通过串联构成电池模组时,理论上电池模组的电压为单体电池电压的 n 倍,而模块的容量为单体电池的容量。若电池模组中单体电池的容量不一致,则电池模组的容量取决于容量最低的单体电池。电池模组的内阻理论上为单体电池的 n 倍,但由于单体电池的不一致性,实际上通常都稍大于这一数值。

(2) 并联

电池并联的方式通常用于满足大电流的工作需要。m 个单体电池通过并联构成电池模组时,理论上电池模组的容量为单体电池容量的 m 倍,电池模组的电压为单体电池的电压。若电池模组中单体电池的电压不一致,则电池模组的电压取决于电压最低的单体电池。电池组的内阻理论上为单体电池的 $1/m$,但实际上通常都大于这一数值。

(3) 串并结合

串并结合能够满足电池模组既提供高电压又要有大电流放电的工作条件。"先串后并"还是"先并后串"取决于电池的实际需求。

动力电池的电能储存最小单元是电芯。北汽 EV200 的动力电池组成如图 2-1-1 所示。3 个三元锂电芯并联,组成一个电芯组。3 个锂电芯的 3 个正极极耳、3 个负极极耳分别用激光焊接在一起,外部加上封框、保护板、电极螺栓,组成一个电芯组。几个电芯组再次串联组成电池模组。电池模组有两种,一种由 2 个电芯组串联组成,另一种由 3 个电芯组串联组成。在动力电池框内使用高压母线将电芯组串联组成动力电池。

3. 电池的关键性能指标(以锂电池为例)

(1) 电压

电压可分为端电压、开路电压、充电截止(终止)电压和放电截止(终止)电压等。

① 端电压。动力电池正极和负极之间的电位差称为端电压。

② 开路电压。动力电池没有负载情况下的电压称为开路电压。

③ 充电截止(终止)电压。充电截止(终止)电压是指电池正常充电时允许达到的最高电压。在电池达到充满状态后,若还继续充电则为过充电,过充电可能导致电池内压升高、鼓包变形、漏液等情况发生,电池的性能也会显著降低或损坏。过充电的最直接表现是电池明显发热,因为蓄电池已经饱和,继续往电池充电,电池难以再提高电压,就会以热的形式散发出来。对于锂电池而言,过量的锂离子嵌入负极晶体内,会使电池永久性损伤。

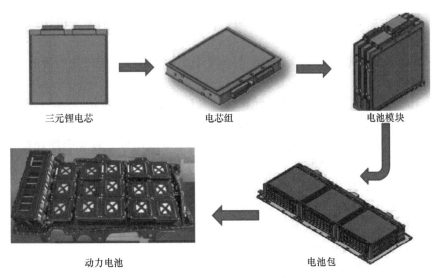

图 2-1-1 动力电池组成示意图

④ 放电截止（终止）电压。放电截止（终止）电压是指电池正常放电时允许达到的最低电压。以锂电池为例，如果电压低于放电截止（终止）电压后继续放电，电池两端的电压会迅速下降，造成过放电，负极碳晶格会塌落，导致极板上的活性物在正常充电时就不易再恢复。

常见的动力电池的充电截止（终止）电压和放电截止（终止）电压见表2-1-1。

表 2-1-1 常见的动力电池的充电截止（终止）电压和放电截止（终止）电压

动力电池	充电截止（终止）电压/V	放电截止（终止）电压/V
镍氢电池	1.5	1.0
锂离子电池	4.25	3.0

（2）容量

容量是指电池在一定放电条件下所能放出的电量，用符号 C 表示，常用单位为 A·h。

① 额定容量。额定容量是指在规定条件下电池应放出的电量并由制造商标明的电池容量值，是验收电池质量的重要技术指标。

② 实际容量。实际容量是指充满电的电池在一定条件下所能输出的电量。它等于放电电流和放电时间的乘积。

（3）能量与能量密度

能量是指电池在一定放电制度下所能释放出的电能，常用单位为 W·h 或 kW·h。

能量密度是指单位质量或单位体积的电池所能输出的能量，相应地称为质量能量密度（W·h/kg）或体积能量密度（W·h/L），也称为质量比能量或体积比能量。在电动汽车应用方面，电池的质量比能量影响电动汽车的整车质量和续驶里程，而体积比能量影响电池的布置空间。

（4）功率与功率密度

功率是指在一定的放电条件下，单位时间内电池输出的能量，单位为 W 或 kW。功率密度又称为比功率，是单位质量或单位体积电池输出的功率，单位为 W/kg 或 W/L。比功率是评价动力电池及动力电池是否满足电动汽车加速和爬坡能力的重要指标。

（5）放电深度

放电深度是表示蓄电池放电状态的参数，等于实际放电容量与可用容量的百分比。

（6）放电倍率

电池以1h放电率电流值的倍数进行放电，用C表示，其单位是"1/h"。例如：额定容量为"1000mA·h"的电池以3C放电，放电电流=3/h×1000mA·h=3000mA。电池允许的倍率放电越大，蓄电池的性能越好，价格也越贵；电池电极上锂化合物颗粒越细小，倍率放电可以越高，工艺要求越高。

（7）荷电状态（SOC）

荷电状态（State of Charge，SOC）描述了电池的剩余电量，其值为电池在一定放电倍率下，剩余电量与相同条件下额定容量的比值。荷电状态值是个相对量，一般用百分比的方式表示，SOC的取值为0~100%。

（8）循环寿命

循环使用寿命（Cycle Life）是指以电池充电和放电一次为一个循环，按一定测试标准，在电池容量降到某一规定值（一般规定为额定值的80%）以前，电池经历的充放电循环总次数。循环使用寿命是评价电池寿命性能的一项重要指标。

（9）电池的不一致性

由于单体电池容量、内阻存在差异，因此容量小的单体电池在充电过程中过早地进入过充电状态，在放电过程中则过早地进入过放电状态。随着连续的充放电循环，对于单体电池而言，每次过充电、过放电程度更甚于单体电池的独立使用，而当一个单体电池特性恶化时，会导致动力电池内部其他单体电池发生多米诺骨牌效应的连锁反应，从而使部分单体电池过早失效，这是影响动力电池寿命的重要因素。

引起单体电池间一致性变差的原因是多个方面的，包括单体电池的生产制造工艺、单体电池的存放时间长短、在动力电池内部充放电期间的温度差异和充放电电流大小等。

4. 三包规定及国家补贴政策中对电池质保的要求

最近，为了顺应行业的发展，国家市场监督管理总局公布了《汽车三包规定（修订征求意见稿）》，新的《汽车三包规定》重点增加了对新能源汽车售后服务的要求，主要有四个方面：

1）将动力电池、行驶驱动电机作为与发动机、变速器并列的家用汽车主要系统，纳入免费更换总成的规定范围。自销售者开具购车发票（或者交付产品）之日起60日内或者行驶里程3000km之内（以先到者为准），动力电池、行驶驱动电机的主要零件出现产品质量问题的，消费者可以选择免费更换。

2）将动力电池、行驶驱动电机与其主要零件反复发生的质量问题纳入退换车条款。在三包有效期内，若动力电池、行驶驱动电机累计更换2次后，或者动力电池、行驶驱动电机的同一主要零件因其质量问题，累计更换2次后，仍不能正常使用的，消费者可以选择退货或者换货。

3）要求生产者将动力电池放电容量衰减限值和对应的测试方法明示在三包凭证上。

4）在退换车条款中补充了家用电动汽车动力电池起火的故障。自销售者开具购车发票（或者交付产品）之日起60日内或者行驶里程3000km之内（以先到者为准），如果出现动力电池起火的问题，销售者应当负责免费更换或退货。

不过，需要注意的是家用汽车产品（包括新能源汽车）的三包有效期限最短为 2 年或者行驶里程 5 万 km，包修期限最短为 3 年或者行驶里程 6 万 km，均以先到者为准。

2.1.2 动力电池分类及原理

1. 动力电池类型

新能源汽车上所使用的动力电池种类繁多，外形差别较大，按其工作性质和使用特征的不同，可分为一次电池、二次电池、燃料电池等。

（1）一次电池（原电池）

一次电池是放电后不能用充电的方法使它复原的电池，如锌锰干电池、锌汞电池、银锌电池。

（2）二次电池（蓄电池）

二次电池是放电后可用充电的方法使活性物质复原而能再次放电，且可反复多次循环使用的电池。如铅酸电池、镍镉电池、镍氢电池、锂离子电池、锌空气电池等。

（3）燃料电池（连续电池）

燃料电池是只要活性物质连续地注入电池，就能长期不间断地进行放电的一类电池。它的特点是电池自身只是一个载体，可以把燃料电池看成是一种需要电能时将反应物从外部送入的一种电池，如氢燃料电池。

2. 车用动力电池分类

目前车用动力电池主要类型如图 2-1-2 所示，基本特性见表 2-1-2。而锂动力电池因其具有能量高、电池电压高、工作温度范围广、使用寿命长等优点，已广泛用于电动汽车行业，已成为电动汽车主要动力源之一。

（1）铅酸蓄电池

铅酸蓄电池，是一种电极主要由铅及其氧化物制成，电解液是硫酸溶液的蓄电池。典型的铅酸蓄电池是阀控式密封铅酸蓄电池（AGM 电池）。近年来，阀控式密封铅酸蓄电池被广泛地用于传统汽油车和一些低速纯电动汽车上，如图 2-1-3 所示。

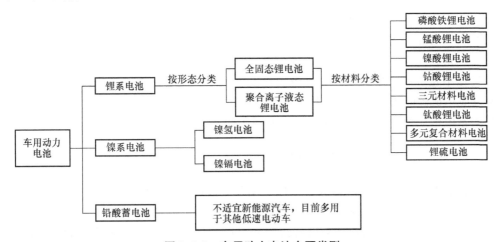

图 2-1-2 车用动力电池主要类型

表 2-1-2 常见电动车蓄电池的种类和基本特性

类型		比能量/(W·h/kg)	单体电池标称电压/V	安全性	理论循环使用寿命/次	商品商用化程度	代表车型
铅酸蓄电池		30~50		好	500~800	已淘汰	—
镍镉电池		50~60		较好	1500~2000	已淘汰	
镍氢电池		70~100		好	1000	现使用	现款 普锐斯
锂离子电池	锰酸铁锂电池	100		较好	600~1000	已淘汰	早期 普锐斯
	钴酸铁锂电池	70		差	300	已淘汰	特斯拉 Roadster
	磷酸锂电池	100~110		好	1500~2000	现使用	腾势
	三元铁锂电池	200		差	2000	现使用	特斯拉 MODEL S

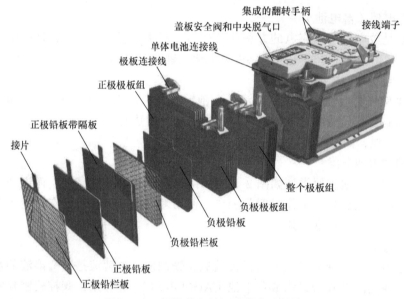

图 2-1-3 阀控式密封铅酸蓄电池结构

如果与小型的镍镉电池或镍氢电池等密封型电池比较，阀控式密封铅酸蓄电池则是一种阀门开启压力相当低的电池，在充电过程中利用负极吸收反应消耗正极上所产生的氧气并使之处于密封状态，未能吸收完的剩余氧气将通过控制阀向外界排出。负极吸收反应是指充电过程中正极所产生的氧气与负极的铅发生反应生成氧化铅，氧化铅又与电解液中的硫酸起反应生成硫酸铅，硫酸铅通过再次充电又被还原为铅的一整套循环。

铅酸蓄电池充放电时总的电化学反应方程式如下：

$$PbO_2 + Pb + 2H_2SO_4 \underset{充电}{\overset{放电}{\rightleftharpoons}} 2PbSO_4 + 2H_2O$$

由于在整个充电过程中持续进行这样的循环，因此能始终保持密封的状态。但是，液体式铅酸蓄电池中充足的电解液会阻碍氧气的移动，因此在阀控式密封铅酸蓄电池中采用了一种被称为 AGM 隔板的超细玻璃纤维隔板，电解液将限制该隔板所能吸收的氧气量并使氧气平稳地向负极移动。另外，因电解液的量受到了限制，所以即使蓄电池发生翻倒，电解液也不会泄漏；而且由于极板群是被栅网状的隔板牢固压紧的，它还具有因正极难以老化而延长寿命的特点。

（2）镍氢电池

1）结构。搭载在混合动力汽车上的镍氢电池是将84~240个容量为6~6.5A·h的单体电池以串联方式连接后使用的。迄今为止已开发出了圆形和方形的混合动力汽车用的镍氢电池，如图2-1-4和图2-1-5所示。

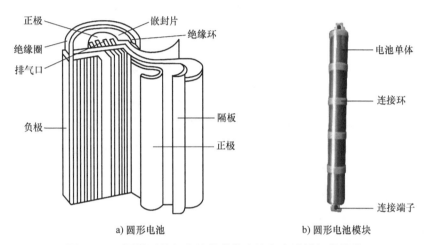

图 2-1-4　圆柱形镍氢电池的单体电池和电池模组的结构

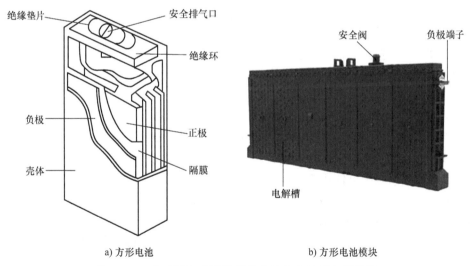

图 2-1-5　方形镍氢电池的单体电池和电池模组的结构

2）工作原理。镍氢电池正极活性物质为氢氧化镍（电极称氧化镍电极），负极活性物质为金属氢化物，也称储氢合金（电极称储氢电极），电解液是以氢氧化钾为主，并加入少量氢氧化钠、氢氧化锂水溶液。在金属铂的催化作用下，完成充电和放电可逆反应，如图2-1-6所示。

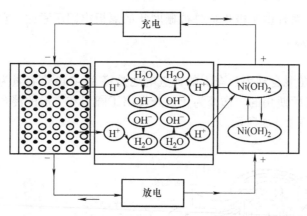

图 2-1-6 镍氢动力电池工作原理

① 充电过程。充电时，正极活性物质中的 H^+ 首先扩散到正极/溶液界面与溶液中的 OH^- 反应生成 H_2O，然后溶液中游离的 H^+ 通过电解质扩散到负极/溶液界面发生电化学反应生成氢原子，并进一步扩散到负极储氢合金中与之形成金属氢化物。即正极发生 $Ni(OH)_2 \longrightarrow Ni(OOH)$，负极则发生水分解反应，合金表面吸附氢，生成氢化物。

② 放电过程。放电是充电的逆反应，即正极发生 $Ni(OOH) \longrightarrow Ni(OH)_2$，负极储氢合金脱氢，在表面生成水。

③ 过充电、过放电过程。镍氢电池充放电过程可以看成是氢原子或质子从一个电极移向另一个电极的往复过程。过放电时，正极上可被还原的 $Ni(OOH)$ 已经被消耗完，这时 H_2O 在镍电极上被还原。过充电时，正极发生反应析出氧气，氧气通过多孔隔膜到达负极表面。由于负极板数量多于正极板，在充电过程中不会因负极不能吸收氢而使氢气析出。氧气与金属氢化物发生氧化还原反应。

3）镍氢电池的特点。镍氢电池具有无污染、高比能、大功率快速充放电、耐用等许多优点。与铅酸蓄电池相比，镍氢电池具有比能量高、质量轻、体积小、循环寿命长的特点，具体表现如下：

① 比功率高。目前商业化的镍氢功率型电池能做到 1350W/kg。

② 循环次数多。目前应用在电动汽车上的镍氢电池，80% 放电深度（DOD）循环可以达 1000 次以上，为铅酸蓄电池的 3 倍以上；100% 放电深度（DOD）循环寿命也在 500 次以上，在混合动力汽车中可使用 5 年以上。

③ 无污染。镍氢电池不含铅、镉等对人体有害的金属。

④ 耐过充电过放电，无记忆效应。

⑤ 使用温度范围宽。正常使用温度范围为 $-30\sim55℃$，储存温度范围为 $-40\sim70℃$。

⑥ 安全可靠。经短路、挤压、针刺、安全阀工作能力、跌落、加热、耐振动等安全性及可靠性试验，无爆炸燃烧现象。

（3）锂离子电池

1）结构。锂离子电池一般有圆柱形和方形两种结构，如图 2-1-7 所示。圆柱形锂离子电池正极和负极的活性物质是利用一种树脂胶黏剂固定在金属铂上，然后在其中间夹入隔板后收卷而成。

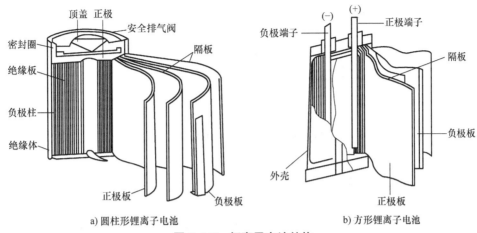

图 2-1-7 锂离子电池结构

① 正极。正极材料作为锂离子电池中 Li + 的唯一供给者,对锂离子电池能量密度的提高及成本的降低起着决定性作用。被广泛采用的正极材料主要有锰酸锂、磷酸铁锂、钴酸锂、镍钴锰锂等。

② 负极。负极材料影响锂离子电池的安全性,目前,广泛应用的碳基负极材料,将锂在负极表面的沉积/溶解转变为在碳材中的嵌入/脱出,大幅度地减少锂枝晶的形成,提高锂离子电池安全性。

③ 隔膜。隔膜主要隔绝正负极以防止两电极短路和自放电,同时为两电极间提供良好的离子通道。目前,应用比较广泛的隔膜主要有 PP-PE-PP 多层隔膜、聚合物陶瓷涂覆隔膜以及无纺布隔膜等。

④ 电解液。锂离子电池采用的是非水有机溶剂体系的电解液。

2)工作原理。图 2-1-8 所示为锂离子电池的工作原理。电池充电时,正极上锂原子电离成锂离子和电子(脱嵌),锂离子经过电解液运动到负极,得到电子,被还原成锂原子嵌入碳层的微孔中(插入);电池放电时,嵌在负极碳层中的锂原子,失去电子(脱插)成为锂离子,通过电解液,又运动回正极(嵌入);锂离子电池的充放电过程,也就是锂离子在正负极间不断嵌入和脱嵌的过程,同时伴随着等量电子的嵌入和脱嵌。锂离子数量越多,充放电容量就越高。因此锂离子电池是通过锂离子在正极和负极之间移动来完成充放电的。

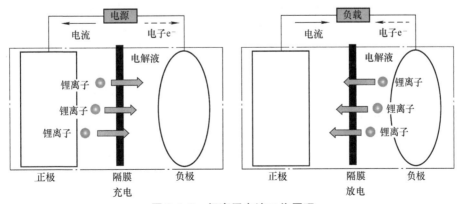

图 2-1-8 锂离子电池工作原理

锂离子电池的正、负极的电化学反应分别为

$$LiMO_2 \underset{\text{放电}}{\overset{\text{充电}}{\rightleftharpoons}} Li_{1-x}MO_2 + xLi^+ + xe^-$$

$$nC + xLi^+ + xe^- \underset{\text{放电}}{\overset{\text{充电}}{\rightleftharpoons}} Li_xC_n$$

总的化学反应为:

$$LiMO_2 + nC \underset{\text{放电}}{\overset{\text{充电}}{\rightleftharpoons}} Li_{1-x}MO_2 + Li_xC_n$$

式中，M 代表 Co、Ni、Fe、W 等。

3) 锂离子电池的基本特点。

锂离子电池具有以下优点:

① 工作电压高。锂离子电池工作电压为 3.6V，是镍氢和镍镉电池工作电压的 3 倍。

② 比能量高。锂离子电池比能量已达到 150W·h/kg，是镍镉电池的 3 倍，镍氢电池的 1.5 倍。

③ 循环寿命长。目前锂离子电池循环寿命已达到 1000 次以上，在低放电深度下可达几万次，超过了其他几种二次电池。

④ 自放电率低。锂离子电池月自放电率仅为 6%~8%，远低于镍镉电池（25%~30%）和镍氢电池（15%~20%）。

⑤ 无记忆性。可以根据要求随时充电，而不会降低电池性能。

⑥ 对环境无污染。锂离子电池中不存在有害物质，是名副其实的"绿色电池"。

⑦ 能够制造成任意形状。

锂离子电池具有以下缺点:

① 成本高。主要是正极材料 $LiCoO_2$ 的价格高。

② 必须有特殊的保护电路，以防止过充。

4) 锂离子电池单体失效形式。动力电池系统失效模式可以分为三种层级，即单体电池失效模式、电池管理系统（BMS）失效模式和 Pack 系统集成失效模式，下面主要介绍单体电池失效模式。

单体电池失效模式分为安全性失效模式和非安全性失效模式。

① 单体电池安全性失效。

a）单体电池内部正负极短路。动力电池内短路是由单体电池内部引起的，引起动力电池内短路的原因有很多，可能是由于单体电池生产过程中的缺陷导致的或是因为长期振动导致单体电池变形。一旦发生严重内短路，无法阻止控制，外部熔丝不起作用，肯定会发生冒烟或燃烧。

如果遭遇到该情况，我们能做的就是第一时间通知车上人员逃生。对于动力电池内部短路问题，目前为止电池厂家没有办法在出厂时 100% 将有可能发生内短路的单体电池筛选出来，只能在后期充分做好检测以降低发生内短路的概率。

b）单体电池漏液。单体电池漏液是非常危险的，也是常见的失效模式。电动汽车着火的事故很多都是因为单体电池漏液造成的。单体电池漏液的原因有外力损伤和制造原因两种。

外力损伤：碰撞、安装不规范造成密封结构被破坏。

制造原因：焊接缺陷、封合胶量不足造成密封性能不好等。

单体电池漏液后整个电池包的绝缘失效，单点绝缘失效问题不大，如果有两点或以上绝缘失效会发生外短路。从实际应用情况来看，软包和塑壳单体电池相比金属壳单体电池更容易发生漏液从而导致绝缘失效。

c）电池负极析锂。电池使用不当，过充电、低温充电、大电流充电都会导致电池负极析锂。国内大部分厂家生产的磷酸铁锂或三元锂电池在0℃以下充电都会发生析锂，0℃以上根据单体电池特性只能小电流充电。发生负极析锂后，锂金属不可还原，导致电池容量不可逆衰减。析锂达到一定程度，形成锂枝晶，刺穿隔膜发生内短路。因此动力电池在使用时应该严禁低温下进行充电。

d）单体电池胀气鼓胀。产生胀气的原因很多，主要是因为电池内部发生副反应产生气体，最为典型的是与水发生副反应。胀气问题可以通过在电芯生产过程中严格控制水分避免。一旦发生电池胀气就会发生漏液等情况。

以上几种失效模式容易产生非常严重的安全问题，可能会造成人员伤亡。即使一个单体电池1~2年没有问题，并不代表这个单体电池以后没有问题，使用越久的电池失效的风险越大。

② 单体电池的非安全性失效

a）容量一致性差。导致单体电池容量不一致性的原因有很多，目前解决单体电池不一致性的方法主要是提高单体电池的生产制造工艺控制水平，从生产关尽可能保证单体电池的一致性，使用同批次单体电池进行配组。这种方法有一定效果，但无法根治，动力电池使用一段时间后一致性差的问题还会出现，单体电池发生不一致性问题后，如果不能及时处理，问题会愈加严重，甚至会发生危险。

b）自放电过大。单体电池制造时杂质造成的微短路所引起的不可逆反应是造成个别单体电池自放电偏大的最主要原因。单体电池自放电微小时都可忽略。但单体电池在长时间的充放电及搁置过程中，随环境条件发生化学反应，引起的自放电现象，将使单体电池容量降低，性能低下，不能满足使用需求。此时的自放电则不能忽略。

c）低温放电容量减少。随着温度的降低，电解质低温性能不好，参与反应不够，电解质电导率降低而导致单体电池电阻增大，单体电池起始放电的电压降低，容量也降低。目前各厂家单体电池在-20℃下的放电容量基本在额定容量的70%~75%。低温下单体电池放电容量减少，且放电性能差，影响电动汽车的使用性能和续驶里程。

d）单体电池容量衰减。单体电池容量衰减主要来自于活性锂离子的损失以及电极活性材料的损失。正极活性材料层状结构规整度下降，负极活性材料上沉积钝化膜，石墨化程度降低，隔膜孔隙率下降，导致单体电池电荷传递阻抗增大。脱嵌锂能力下降，从而导致容量的损失。容量衰减是电池不可避免的问题。但是目前电池厂家应该首要解决前面安全性失效问题和电池一致性问题，在这个基础上再考虑延长电池的循环寿命。

2.1.3 常见车型动力电池基本配置

1. 吉利电动汽车

（1）吉利帝豪EV300/EV450/帝豪GSe

吉利帝豪EV系列车型采用的三元锂动力电池由宁德时代生产。动力电池内部共有17

个电池模组,其中单体电池1并5串模组7个;1并6串模组10个,电池管理器位于动力电池的中间位置。动力电池额定电压346V,额定功率50kW(EV300/EV450)、55kW(帝豪GSe),电池容量126A·h(EV300)、150A·h(EV450、帝豪GSe),能量密度110W·h/kg(EV300)、142W·h/kg(EV450)。吉利帝豪EV300动力电池外观如图2-1-9所示,安装位置如图2-1-10所示。

图2-1-9 吉利帝豪EV300动力电池外观

图2-1-10 吉利帝豪EV300动力电池安装位置

(2)吉利帝豪PHEV

吉利帝豪PHEV插电式混合动力车型也采用三元锂动力电池。因插电混动车辆技术特点,其动力电池与纯电动汽车相比额定容量和电能较低。动力电池安装在车辆底部,在车内前后排座椅之间的位置,如图2-1-11所示。动力电池额定电压308V,额定容量37A·h,总能量11.4kW·h。

图2-1-11 吉利帝豪PHEV动力电池安装位置

2. 比亚迪电动汽车

(1)比亚迪e2

比亚迪e2(续驶里程405km)的动力电池(图2-1-12)是三元锂电池,系统由7个动力电池模组、4个动力电池信息采集器、动力电池串联线、动力电池托盘、动力电池密封罩、动力电池采样线等组成。7个动力电池模组中有6个模组有14节单体,一个模组有12节单体,总共96节串联而成。额定总电压为350.4V,总能量为47kW·h。动力电池内部高压连接（续驶里程 405km）如图 2-1-13 所示。

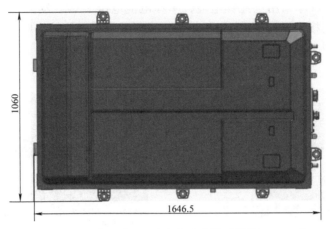

图 2-1-12　比亚迪 e2 动力电池（续驶里程 405km）

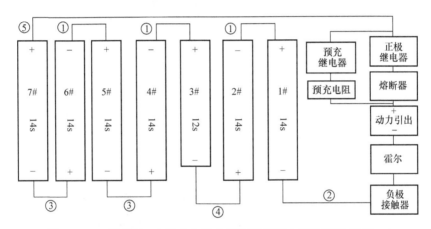

图 2-1-13　比亚迪 e2 动力电池内部高压连接（续驶里程 405km）

动力电池的基本性能见表 2-1-3。

表 2-1-3　比亚迪 e2 动力电池的基本性能

指标	规格
标准容量	≥ 135A·h
额定电压	350.4V
充电截止电压	4.2V
放电截止电压	2.5V
标准充电功率/电流	40kW/119A
	7kW/20.8A（车载充电器）
峰值功率（≥ 20℃）	≥ 274kW，15s
持续放电功率	≥ 243kW
充电温度	-20~65℃
放电温度	-30~65℃
动力电池重量	300（1±3%）kg

（2）比亚迪 e5

比亚迪 e5 电动汽车采用三元锂电池，单体电池电压 3.3V。动力电池内部含有 2 个分压接触器、1 个正极接触器、1 个负极接触器、采样线束、通信转换模块、电池模组连接片和连接电缆等。动力电池额定容量 60.48A·h，采用液冷冷却方式。比亚迪 e5 动力电池如图 2-1-14 所示。

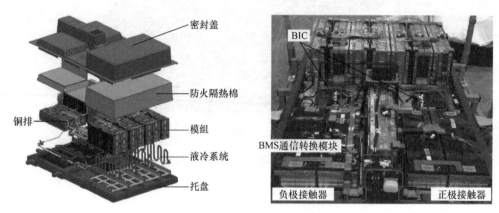

图 2-1-14　比亚迪 e5 动力电池结构

（3）比亚迪宋 Pro DM

宋 Pro DM 版四驱性能版电池能量为 15.7kW·h，可纯电续驶里程 81km，实现 90% 以上的通勤需求，若每天夜晚充电，基本可以满足成都市区内的上下班通勤，从而实现日常出行 0 油耗。比亚迪宋 Pro DM 动力电池安装位置如图 2-1-15 所示。

图 2-1-15　比亚迪宋 Pro DM 动力电池安装位置

3. 广汽电动汽车

（1）广汽丰田 ix4

广汽丰田 ix4 采用三元锂动力电池，标称电压为 328V，总能量为 45.99kW·h，采用 2 并 90 串的组合方式。该电池具有高安全性、高比能量、高集成度的特点，具备液冷及加热功能，满足整车 −30~45℃使用环境及各种恶劣工况；具备高功率、长寿命，可以提供高达 140kW 的峰值功率以及 15 万 km 的寿命保障；能实现快速充电，30min 充电 80%，60min 充电 100%。广汽丰田 ix4 动力电池安装位置如图 2-1-16 所示。

项目2 动力电池结构原理与维修

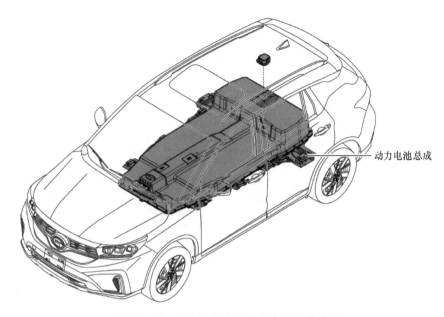

图 2-1-16　广汽丰田 ix4 动力电池安装位置

（2）广汽传祺 GA3S PHEV

广汽传祺 GA3S PHEV 插电式混动汽车动力电池布置在后排座椅下面的底盘上，如图 2-1-17 所示。由 8 颗螺栓固定，手动维修开关安装在右后座椅下，需要拆卸右后座椅才能够进行拆装操作。

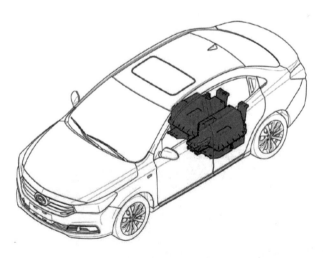

图 2-1-17　广汽传祺 GA3S PHEV 动力电池安装位置

动力电池系统冷却方式为液冷，由 88 个三元锂离子单体电池组装成 8 个模组，8 个模组再通过导线、继电器、充电熔断器、电流分流器等串联在一起。动力电池标称电压为 321V，正常电压范围为 250~369V，瞬时最大放电功率为 110kW。动力电池整体构成如图 2-1-18 所示。

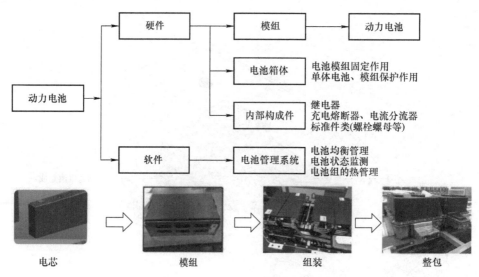

图 2-1-18 动力电池整体构成图

由于低温环境会对电池性能产生一定的影响,若车辆需长时间停放在 0℃以下环境,建议连接充电枪对车辆进行充电,电池温控系统会自动对电池进行保温。否则车辆起动后,整车动力性能会有所下降,需待电池温控系统工作一段时间后,车辆动力性能才能恢复至正常水平。为保持整车性能,在特定寒冷环境下使用暖风功能时,SOC 值较高的情况下,发动机会提前起动。

4. 荣威 550 PHEV

荣威 550 PHEV 磷酸铁锂动力电池安装在车辆尾部行李舱底部。动力电池总能量 11.8kW·h,总容量 40A·h,总电压范围 200~350V。动力电池采用 2 个磷酸铁锂单体电池(3.6V)并联组成电池模组,23 个电池模组串联成一个电池模组,动力电池共由 4 个电池模组组成。整个动力电池共使用了 184 个磷酸铁锂单体电池。荣威 550PHEV 动力电池如图 2-1-19 所示。

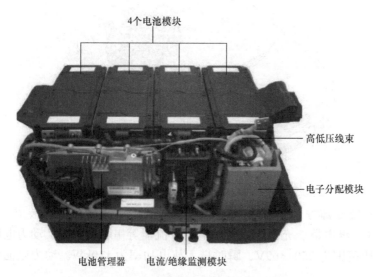

图 2-1-19 荣威 550 PHEV 动力电池

5. 大众途观 L PHEV

大众途观 L PHEV 动力电池采用三元锂离子单体电池，单体电池电压为 3.6V，12 个单体电池串联成一个电池模组，共有 8 个电池模组串联而成，这样就得到了 96 节单体电池组成的动力电池。动力电池标称电压 352V，电压范围 240~400V，标称容量 37A·h，冷却方式为液冷式。途观 L PHEV 动力电池外观如图 2-1-20 所示，内部组成如图 2-1-21 所示。

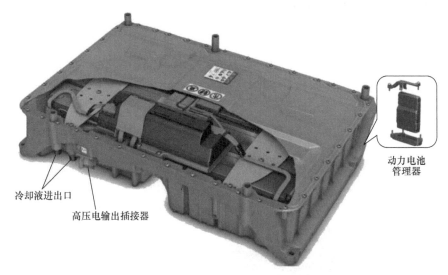

图 2-1-20　大众途观 L PHEV 动力电池外观

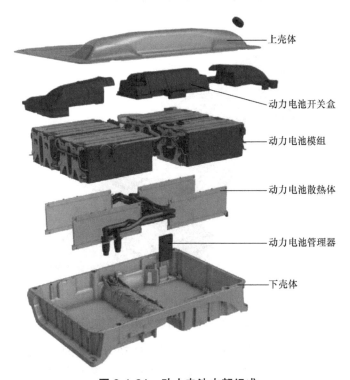

图 2-1-21　动力电池内部组成

6. 丰田混合动力汽车

（1）普锐斯

普锐斯混合动力车型动力电池采用镍氢单体电池，6个电压为1.2V的镍氢单体电池组成一个电池模组。动力电池共有28个电池模组串联而成，额定电压201.6V，主熔丝125A，动力电池采用风冷冷却。动力电池安装在行李舱内，后排座椅后方，如图2-1-22所示，动力电池结构如图2-1-23所示。

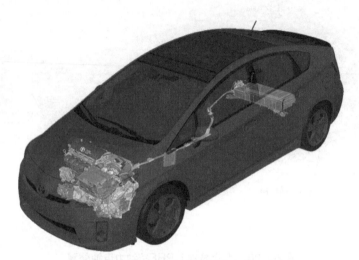

图 2-1-22　普锐斯动力电池安装位置

图 2-1-23　普锐斯动力电池结构

动力电池在充放电过程中会产生热量，为了保证动力电池的工作性能，专门为动力电池设计了一套风冷冷却系统。冷却系统的鼓风机采用高功率无刷型电动机，并优化了内部结构，降低了运转时的噪声。动力电池冷却系统示意图如图2-1-24所示。

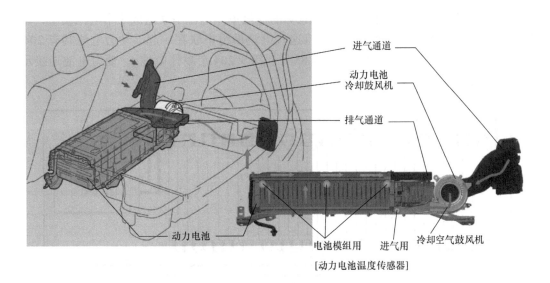

图 2-1-24 动力电池冷却系统示意图

（2）凯美瑞混合动力

凯美瑞混动车型动力电池安装在后排座椅后的行李舱内，主要由动力电池、接线盒、动力电池电压传感器、DC/DC 转换器和维修塞把手（手动维修开关）等组成。凯美瑞混动车型动力电池安装位置如图 2-1-25 所示。

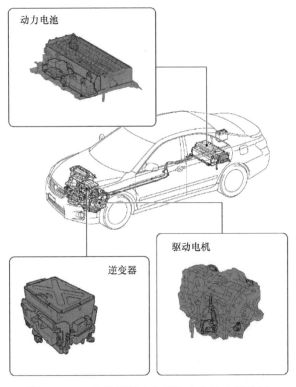

图 2-1-25 凯美瑞混动车型动力电池安装位置

动力电池使用镍氢单体电池，6个1.2V的镍氢单体电池串联组成一个电池模组，动力电池共有34个电池模组，并通过母线将这些电池模组串联在一起。动力电池共有204个1.2V的镍氢单体电池，公称电压为224.8V（1.2V×204个单体电池）。动力电池连接示意图如图2-1-26所示。

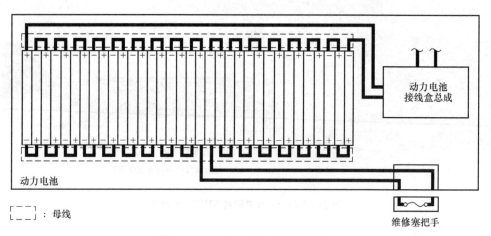

图2-1-26 动力电池连接示意图

维修塞把手（手动维修开关），安装在行李舱右侧。维修塞把手（手动维修开关）内装有高压电动的主熔丝和互锁的舌簧开关。维修塞把手（手动维修开关）断开操作如图2-1-27所示。首先沿箭头1方向拉起卡子，再沿箭头2方向扳动卡子，最后沿箭头3方向拉出卡子。

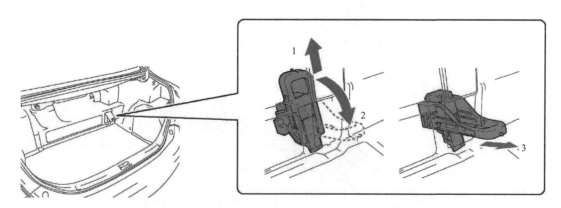

图2-1-27 维修塞把手（手动维修开关）的断开操作

（3）丰田雷凌/卡罗拉混动

丰田雷凌/卡罗拉双擎混动车型动力电池同样采用镍氢单体电池，6个镍氢单体电池组成一个电池模组，动力电池有28个电池模组，总计168个镍氢单体电池，公称电压201.6V（1.2V×168个单体电池）。动力电池内部连接示意图如图2-1-26所示。动力电池与维修塞把手（手动维修开关）安装位置如图2-1-25所示。

7. 本田思铂睿混合动力汽车

本田雅阁/思铂睿混合动力车型动力电池用锂离子单体电池，单体电池电压3.6V。18

个单体电池组成一个电池模组，动力电池共有 4 个电池模组，总计 72 个单体电池。动力电池标称电压为 259V，采用空气冷却。动力电池组成如图 2-1-28 所示。

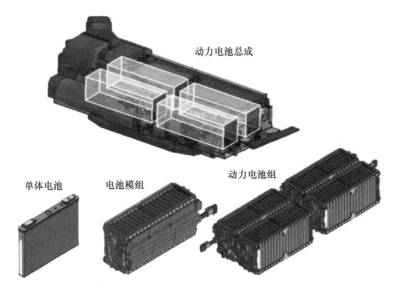

图 2-1-28　动力电池组成图

2.1.4　动力电池冷却系统

　　动力电池冷却系统的作用是：通过对动力电池冷却或加热，保持动力电池较佳的工作温度，以改善其运行效率并提高电池组的寿命。高压动力电池的热管理系统可以根据需要对电池进行冷却或加热。

　　动力电池冷却系统有液冷式和风冷式。

　　① 液冷式：动力电池内部有与空调系统连通的制冷剂循环回路或使用特殊的冷却液在动力电池内部的冷却液管路中流动，将动力电池产生的热量传递给冷却液，从而降低动力电池的温度。

　　② 风冷式：动力电池冷却系统利用散热风扇将来自车厢内部的空气吸入动力电池箱以冷却动力电池以及动力电池的控制单元等部件。

1. 吉利帝豪 EV450 动力电池冷却系统

　　吉利帝豪 EV450 动力电池冷却系统（液冷式）主要部件包括散热器、膨胀罐、电动水泵、整车控制器 VCU（或 HPCM2，混动车型）、冷却液控制阀、热管理控制模块和冷却管路等。图 2-1-29 所示为吉利帝豪 EV450 车型液冷式驱动电机和动力电池冷却系统。

　　吉利帝豪 EV450 动力电池冷却系统主要部件在车上的位置如图 2-1-30 所示，其主要部件和功能见表 2-1-4。

　　液冷式动力电池冷却系统的优点：冷却效果优异；能集成电池加热组件，解决了在环境温度很低的情况下，加热电池的问题。缺点：系统复杂，增加了许多部件，如水泵、阀、低温散热器，成本增加。

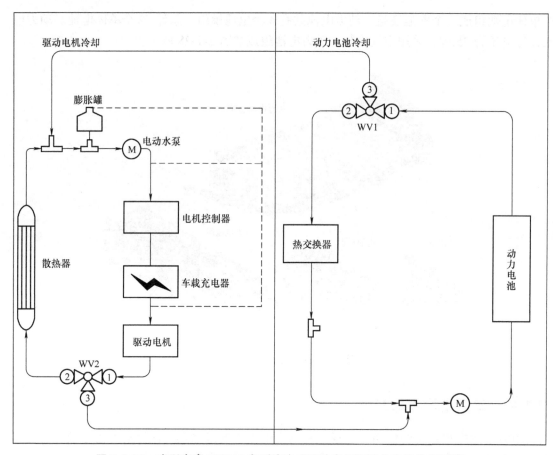

图 2-1-29 吉利帝豪 EV450 车型液冷式驱动电机和动力电池冷却系统

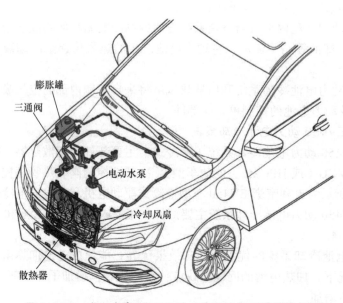

图 2-1-30 吉利帝豪 EV450 动力电池冷却系统部件位置

项目 2　动力电池结构原理与维修

表 2-1-4　冷却系统部件和功能

部件	功能
电动水泵	冷却系统含有两个电动水泵，分别为动力电池水泵和电机水泵，由低压电路驱动，为冷却液的循环提供压力
膨胀罐	膨胀罐总成通过水管与散热器连接。随着冷却液的温度逐渐升高并膨胀，部分冷却液因膨胀而从散热器和各部件中流入膨胀罐总成。散热器和液道中滞留的空气也被排入膨胀罐总成 车辆停止后，冷却液自动冷却并收缩，先前排出的冷却液则被吸回散热器。从而使散热器中的冷却液一直保持在合适的液面，并提高冷却效率 当冷却系统处于冷态时，冷却液面应保持在膨胀罐总成上的 MIN（最低）和 MAX（最高）标记之间
冷却风扇	冷却风扇总成安装在机舱内散热器的后部，它可增加散热器和空调冷凝器的通风量，从而有助于加快车辆低速行驶时的冷却速度 风扇采用双风扇，高低速的控制模式，通过两个不同的电动机驱动扇叶。冷却风扇由整车控制模块（VCU）利用冷却风扇低速继电器和冷却风扇高速继电器直接控制，在低速电路中，采用串联调速电阻的方式来改变风扇的转速

2. 比亚迪 e5 动力电池冷却系统

比亚迪 e5 动力电池冷却管路如图 2-1-31 所示。

比亚迪 e5 动力电池液冷系统主要由冷却液膨胀罐总成、电池热管理器总成、电动冷却液泵、板式换热器总成、连接管路、空调系统构成。比亚迪 e5 动力电池冷却系统部件在车上的位置如图 2-1-32 所示。

动力电池液冷系统工作原理如图 2-1-33 所示。由空调控制器、PTC、压缩机、液冷控制器组成空调子网络。该动力电池冷却系统有两种工作模式，一是单体电池温度相差 5℃进行自然液冷工作，二是动力电池温度超过 35℃进行空调冷却模式，到 33℃停止。

图 2-1-31　比亚迪 e5 动力电池冷却管路

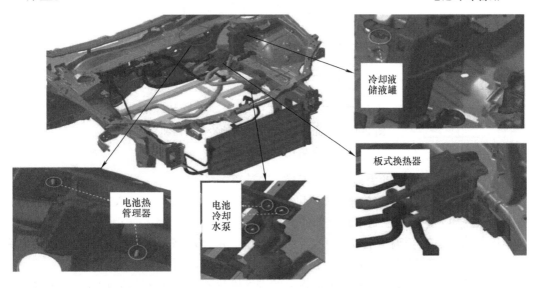

图 2-1-32　比亚迪 e5 动力电池冷却系统部件在车上的位置

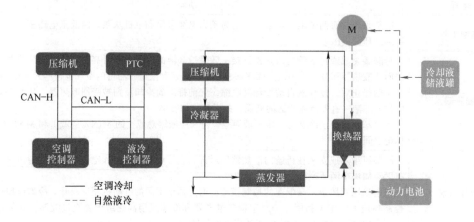

图 2-1-33 比亚迪 e5 动力电池冷却系统工作原理

空调系统在原有系统的基础上增加了一路冷却回路，增加了板式换热器、膨胀阀、水泵、膨胀罐等部件。动力电池产生的热量经冷却管路、板式换热器进入空调回路，空调系统再经散热器将热量散出去。电池冷却回路与车内空调冷却回路为并联关系，如图 2-1-34 所示。

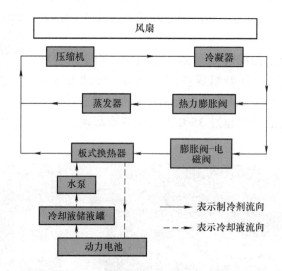

图 2-1-34 比亚迪 e5 动力电池冷却回路和
车内空调冷却回路

3. 丰田混合动力车型动力电池冷却系统

风冷式动力电池冷却系统利用散热风扇将来自车厢内部的空气吸入动力电池箱以冷却动力电池以及动力电池的控制单元等部件。

丰田普锐斯、凯美瑞（混动版）、卡罗拉双擎、雷凌双擎采用风冷式动力电池冷却系统。丰田混合动力车型风冷式动力电池冷却系统如图 2-1-35 所示。

车厢内部的空气通过位于后窗装饰板上的进气管流入，向下流经动力电池或 DC/DC 转换器，以降低动力电池和 DC/DC 转换器的温度，空气通过排气管从车内排出。

项目 2　动力电池结构原理与维修

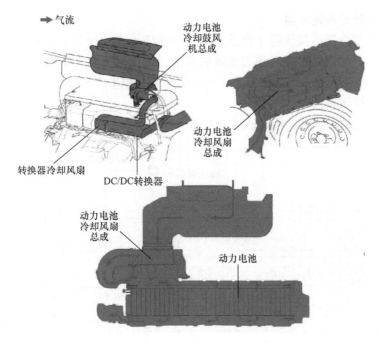

图 2-1-35　丰田混合动力车型风冷式动力电池冷却系统

2.1.5　动力电池管理系统

1. 电池管理系统的定义

电池管理系统（BMS）是连接动力电池和电动汽车的重要纽带，其精准的控制和管理为动力电池的完美应用保驾护航。

电池管理系统是指监视动力电池的状态（温度、电压、电流、荷电状态等），可以为动力电池提供通信、安全、电芯均衡及管理控制，并提供与应用设备通信接口的系统。动力电池管理系统与车上部件工作关系原理如图 2-1-36 所示。

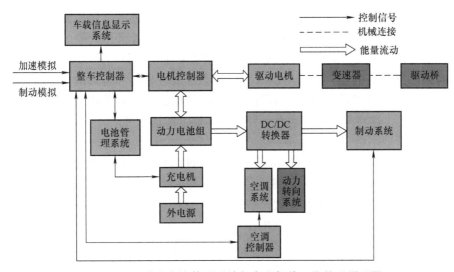

图 2-1-36　动力电池管理系统与车上部件工作关系原理图

2. 动力电池管理系统方案

电动汽车优越性能的发挥除了要求车辆采用性能优良的动力电池外,还需要对动力电池进行合理管理。电池组管理对动力电池的安全、优化使用和整车能量管理策略的执行都是必要的。动力电池管理系统方案有集中式、分布式、积木式三种。

(1) 集中式管理系统

对于动力电池组的管理,传统的设计方案一般是采用集中式的管理,如图 2-1-37 所示。

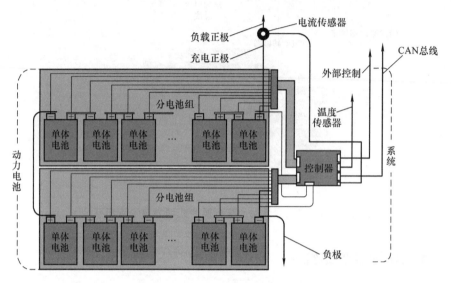

图 2-1-37 动力电池集中式管理结构

集中式管理系统首先对动力电池中每一个电池的端电压、温度、电流进行采集,然后利用微控制器对电池参数进行分析计算,以确定电池的荷电状态,并记录电池的历史数据以备分析。这种架构是将所有采集单体电池电压和温度的单元全部集中在一块 BMS 板上。

BMS 与动力电池之间只有线缆连接。其优点是相对比较简单,成本较低。由于采集单元在同一块板上,元器件之间的通信也简化了。缺点是单体电池采样的线束比较长,导致采样导线的设计较为复杂,长线和短线在均衡的时候导致额外的电压压降;整个包的线束数量很多,排布也比较麻烦,整块 BMS 所能支持的最高通道也是有限的。这种方式看似成本低,但是安装成本高,适用性也比较差。如果需要主动均衡,还需要额外的开关矩阵。目前国内的做法是用继电器,主要是成本低,但会带来可靠性和寿命的问题。同时集中式管理方案的可扩展性和可移植性差,不同的电池组结构、不同的单体电池数量都会带来管理系统的剧烈变化,这将严重影响它在各种电动车辆上的通用性。

(2) 分布式管理系统

电池组分布式管理结构如图 2-1-38 所示。在这种结构中,单体电池检测模块与电池的综合管理器中央处理单元分离,电池综合管理器给每一个单体电池检测模块分配一个物理地址,这样就可以识别电池的工作位置,然后通过广泛应用的 RS-485 串行通信总线来交换数据。单体电池检测模块可以置于电池的工作环境中,实时采集数据,将数据通过 RS-485 总线传输到电池的综合管理器,由后者执行对电池内部参数的复杂计算,最后确定电池的荷电状态,从而反映出电池此时的状态信息,通过 CAN 总线与整车 CAN 网络进行数据通信。同时整个系统可分散布置，模块间利用总线互联，可保证对电池电压和电流的同步测量，且模块数量可以随电池数量而变化，而系统却不会受影响。

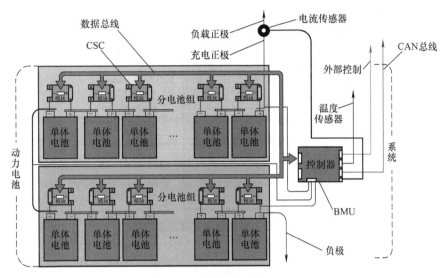

图 2-1-38 电池组分布式管理结构

分布式管理系统是将电池模组的功能分离，整个系统分成了 CSC（单体电池管理单元）、BMU（电池管理器）。典型的应用如德系的 I3、I8、E-Golf 和日系的 IMI-EV 与 Outlander 以及特斯拉的 Model S。优点是可以将模组装配过程简化，采样线束固定起来相对容易，线束距离均匀，不存在压降不一的问题。

动力电池体积越大，这种模式就越有优势。缺点是成本较高、设计复杂，需要额外的 MCU、独立的数据总线来支持各个模块将信息发送给 BMU 整合。这种方案系统成本最高，但是移植起来比较方便，适用或大或小的动力电池。这种架构和集中式架构一样，如果需要主动均衡，还需要额外的开关矩阵和线束。

（3）积木式管理系统

积木式管理系统结构框图如图 2-1-39 所示。积木式管理系统由模块（UM）、总线和控制器三部分构成。模块为 4 端口，安装在每个电池上，2 个输入端与电池正负极连接，2 个输出端与总线连接。总线是 2 线制，每套总线最多可以连接 20 个模块。这样，所有的模块都并联在总线上，数据和均衡的能量都通过总线与每串电池传递，主动均衡电流可以达到 10A；总线与控制器连接，这样就形成了一个系统。像搭积木一样，多个系统可以通过 CAN 总线连接构建成更大规模（百串级别）的动力电池能量管理系统，积木式架构由此得名。

这种架构结构简单紧凑，功能强大，解决了 BMS 产品的几大难点：复杂的线束、一一对应的关系和大电流主动均衡功能。

三种系统方案的功能对比见表 2-1-5。

3. 动力电池管理系统工作模式

动力电池管理系统可工作于下电模式、准备模式、放电模式、充电模式和故障模式五种工作模式。

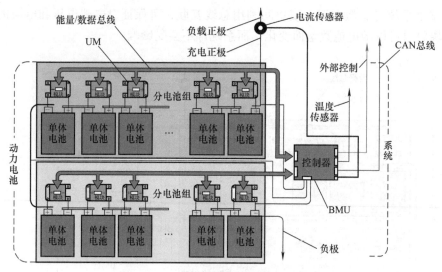

图 2-1-39 动力电池积木式管理系统结构

表 2-1-5 三种系统方案功能对比

系统方案	线束	安装	被动均衡	主动均衡	适用电池串数	成本
集中式	多	复杂	小电流	需要额外的线束和电路	低	低
分布式	少	一般	较大电流	需要额外的线束和电路	高	高
积木式	最少	简单	无	有（10A）	通用	低

（1）下电模式

下电模式是整个系统的低压与高压处于不工作状态的模式。在下电模式下，动力电池管理系统控制的所有高压接触器均处于断开状态，低压控制电源处于不供电状态。下电模式属于省电模式。

（2）准备模式

在准备模式下，系统所有的接触器均处于未吸合状态。在该模式下，系统可接受外界的点火开关、整车控制器、电动机控制器、充电插头开关等部件发出的硬线信号或受CAN报文控制的低压信号来驱动控制各高压接触器，从而使动力电池管理系统进入所需的工作模式。

（3）放电模式

动力电池管理系统监测到点火开关的高压上电信号（Key-ST信号）后，系统首先闭合B-接触器（图2-1-40），由于电动机是感性负载，为防止过大的电流冲击，B-接触器闭合后即闭合预充接触器进入预充电状态；当预充两端电压达到母线电压的90%时，立即闭合B+接触器并断开预充接触器进入放电模式。目前汽车常用低压电源由12V的铅酸蓄电池提供，为保证低压蓄电池能持续为整车控制系统供电，低压蓄电池需有充电电源，而直流转换器DC/DC转换器接触器的开启即可满足这一需求，因此，当动力电池系统处于放电状态时，B+接触器闭合后即闭合直流转换器接触器，以保证低压电源持续供电。

项目 2 动力电池结构原理与维修

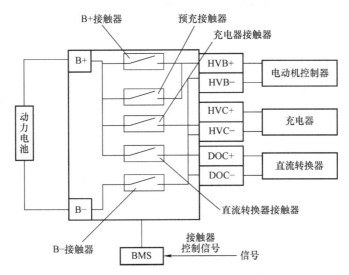

图 2-1-40 动力电池管理系统（BMS）高压接触器

（4）充电模式

动力电池管理系统检测到充电唤醒信号（Charge Wake Up）时，系统即进入充电模式。在该模式下，B- 接触器与车载充电器接触器闭合，同时为保证低压控制电源持续供电，直流转换器接触器仍需处于工作状态。在充电模式下，系统不响应点火开关发出的任何指令，充电插头提供的充电唤醒信号可作为充电模式的判定依据。对于磷酸铁锂电池，它在低温下不具备很好的充电特性，甚至还伴随有一定的危险性，因此基于安全考虑，还应在系统进入充电模式之前对系统进行一次温度判别。当电池温度低于 0℃时，系统进入充电预热模式，此时可通过接通直流转换器接触器对低压蓄电池进行供电，并为预热装置供电以对电池组进行预热；当电池组内的温度高于 0℃时，系统可进入充电模式，即闭合 B- 接触器。

无论在充电状态还是在放电状态，电池的电压不均衡与温度不均衡均会极大地妨碍动力电池性能的发挥。在充电状态下，极易出现电压、温度不均衡的状态，充电过程中可通过电压比较及控制电路使得电压较低的单体电池充电电流增大，而让电压较高的单体电池充电电流减小，进而实现电压均衡的目的。温度的不均衡性会大大降低动力电池的使用寿命，因此，当单体电池温度传感器监测出各单体电池温度不均衡时，可选择强制风冷的方式，实现动力电池内气流的循环流动，以达到温度均衡的目标。

（5）故障模式

故障模式是控制系统中常出现的一种状态。由于车用动力电池的使用关系到用户的人身安全，因而系统对各种模式总是采取"安全第一"的原则。动力电池管理系统对于故障的响应还需根据故障等级而定，当其故障级别较低时，系统可采取报错或者发出报警信号的方式告知驾驶人；而当故障级别较高，甚至伴随有危险时，系统将采取断开高压接触器的控制策略。低压蓄电池是整车控制系统的供电来源，无论是处于充电模式、放电模式还是故障模式，直流转换器接触器的闭合都可使低压蓄电池处于充电模式，从而保证低压控制系统工作正常。

2.2 动力电池系统一般检查及保养

2.2.1 高压系统下电及验电

高压系统下电及验电如图 2-2-1 所示。

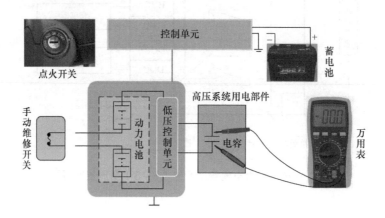

图 2-2-1　高压系统下电及验电

（1）高压下电的基本步骤

① 关闭点火开关。关闭点火开关后，将钥匙放到一个安全的区域，通常应该远离被维护的汽车。注意：如果使用按钮起动，把钥匙拿到离车至少 5m 远的地方，防止汽车意外被起动。

② 打开前机舱盖，断开蓄电池负极连接线。

③ 在驾驶室内打开左右座椅之间的扶手箱盖板，如图 2-2-2 所示。

④ 如图 2-2-3 所示，拆卸扶手箱底部盖板，盖板下就是手动维修开关。

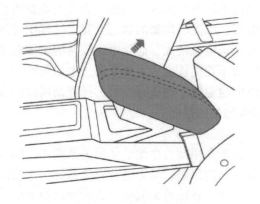

图 2-2-2　打开扶手箱盖板

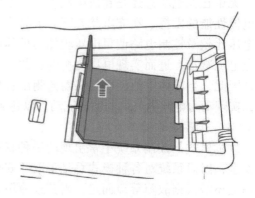

图 2-2-3　拆卸扶手箱底部盖板

⑤ 如图 2-2-4 所示，拇指按住维修开关把手卡扣，其余手指按住把手，当把手由水平位置转到垂直位置时，向上垂直拔出维修开关插头。

⑥ 使用电工绝缘胶布封住插接器母端，防止异物落入维修插座，造成维修开关短路。最后关闭扶手箱盖板。

⑦ 将拆下的维修开关放在随身衣袋中以防止其他人将它安装回车上去，并将裸露的维修开关槽使用绝缘胶布封住。

⑧ 等待 5min。拆下维修开关后，须等待 5min，使得高电压部件中的电容器放电完毕，才可以继续对车辆进行高压检验操作。

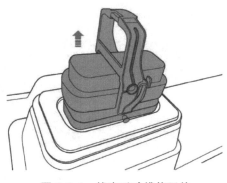

图 2-2-4　拔出手动维修开关

（2）高压验电

高压验电首先利用数字万用表再次确认高压下电以后，对具体维修的部件确认已不再有高压。该步骤必须符合高压的检验操作标准。

使用万用表测量高电压部件的插接器各个高压端子，在执行高压下电以后，每个端子对车身的电压应该小于 3V，且端子正负极之间的电压也应该小于 3V。如果任一被测量的电压超过 3V，说明系统内部存在高压黏结情况，需要有经过特殊培训的工作人员来处理。

注意：在检验高电压端子期间，必须佩戴好个人安全防护用品。

2.2.2　动力电池检查保养 ★

1. 动力电池外观检查

动力电池外观如图 2-2-5 所示。检查动力电池箱体是否有变形、损坏，必要时更换。壳体损坏不仅会导致酸液流出，还会导致动力电池密封出现问题，造成动力电池进水，严重影响整车安全。检查动力电池是否进水，紧固螺栓有无锈蚀，紧固力矩是否足够。

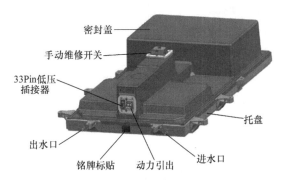

图 2-2-5　动力电池外观

2. 动力电池高压线缆及高低压接插器的检查

关闭所有用电器，关闭起动开关，拆卸手动维修开关，断开蓄电池负极接线柱后再检查高压线束。

检查动力电池连接高压线束插头是否松动；检查动力电池连接高压线束外表绝缘胶有无与车身或其他零部件发生摩擦；检查动力电池连接高压线束外表绝缘胶有无老化。确保动力电池线缆没有破损、挤压、漏电。

高压插接器是动力电池的总正、负端子（图 2-2-6）；低压插接器是动力电池的电池管理系统（BMS）与车身控制系统（VMS）连接的控制电路端子。

拔下插接器，检查两端针脚有无锈蚀、退针、弯曲、烧蚀等，确保高、低压插接器连接可靠。检查插接器内侧的橡胶密封胶垫是否完好，检查插接器中间位置是否有水迹。若检查无异常，在插接器内表面喷涂 WD40，以保证插接器顺利装复，保证接触良好，防止水汽进入插接器内部。

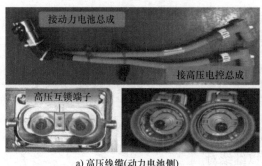
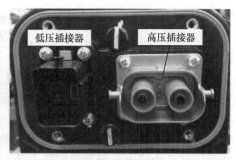

a) 高压线缆(动力电池侧)　　　　　b) 高、低压插接器

图 2-2-6　动力电池高压线缆及高、低压插接器

3. 动力电池单体电池电压检查

以比亚迪 e2 为例介绍动力电池单体电池电压均衡的检查。连接 VDS，读取动力电池管理器数据流见表 2-2-1 所示，即可获取单体电池最高、最低电压以及相应的电池编号。

表 2-2-1　动力电池单体电池电压均衡检查

数据项	当前	范围	单位	符号	
高压互锁 1	未锁止	/		～	⚙
高压系统状态	正常	/		～	⚙
最低电压电池编号	39	1/152		～	⚙
最低单节电池电压	3.618	0/5	V	～	⚙
最高电压电池编号	29	1/152		～	⚙
最高单节电池电压	3.623	0/5	V	～	⚙
最低温度号	18	1/152		～	⚙
最低温度	35	-40/160	℃	～	⚙

4. 动力电池工作温度检查

连接 VDS，读取动力电池管理器数据流见表 2-2-2，即可获得动力电池工作温度。

表 2-2-2　动力电池工作温度检查

数据项	当前	范围	单位	符号	
最高温度号	3	1/152		～	⚙
最高温度	36	-40/160	℃	～	⚙
电池组平均温度	35	-40/160	℃	～	⚙
向上均衡出发次数	0	/		～	⚙
向下均衡出发次数	0	/		～	⚙
均衡状态	无效数据/预留	/		～	⚙
直流充电正极接触器状态	无效数据/预留	/		～	⚙
直流充电负极接触器状态	无效数据/预留	/		～	⚙

另外，还可以用温度测量设备（图 2-2-7）测量动力电池的工作温度。

a) 非接触式测温仪　　　　　　　　b) 热成像仪

图 2-2-7　动力电池温度测量设备

5. 动力电池绝缘电阻检查

2019 款吉利帝豪 EV350/EV450/EV500 动力电池绝缘检查电路简图如图 2-2-8 所示。

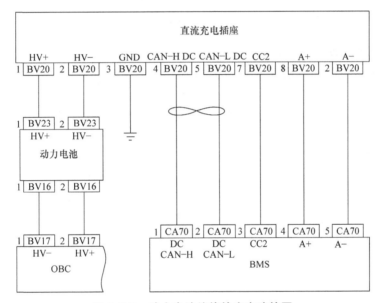

图 2-2-8　动力电池绝缘检查电路简图

2019 款吉利帝豪 EV350/EV450/EV500 动力电池绝缘电阻检查步骤如下：

（1）确认高压回路切断

1）操作起动开关使电源模式至 OFF 状态，断开直流母线，断开车载充电机线束插接器 BV17，等待 5min。

2）用万用表检测 BV17 端子 1 与端子 2 之间的电压。

注意：端子 1 与端子 2 距离较近，严禁万用表针头短接或触碰任何非目标测量金属部件，并佩戴绝缘手套。电压低于 5V 后才可以进行后面的步骤。

（2）检测动力电池供电绝缘阻值

1）操作起动开关使电源模式至 OFF 状态。断开蓄电池负极电缆。断开车载充电机线束插接器 BV17。

2）将高压绝缘检测仪的档位调至 1000V。

3）用高压绝缘检测仪测量车载充电机线束插接器 BV17 的 1 号端子与车身搭铁之间的

绝缘电阻。正常应大于或等于20MΩ。

4）用高压绝缘检测仪测量车载充电机线束插接器BV17的2号端子与车身搭铁之间的绝缘电阻。正常应大于或等于20MΩ。

(3) 检测动力电池充电线路绝缘阻值

1）操作起动开关使电源模式至OFF状态。断开蓄电池负极电缆。

2）断开直流母线。拆卸直流充电接口线束插接器BV20。

3）将高压绝缘检测仪的档位调至1000V。

4）用高压绝缘检测仪测量直流充电接口线束插接器BV20的1号端子与车身搭铁之间的绝缘电阻。正常应大于或等于20MΩ。

5）用高压绝缘检测仪测量直流充电接口线束插接器BV20的2号端子与车身搭铁之间的绝缘电阻。正常应大于或等于20MΩ。

2.2.3 动力电池冷却系统检查、保养及维修

1. 动力电池冷却液液位的检查 ★

在车辆处于常态时检查膨胀水箱中的动力电池冷却液液位，如图2-2-9所示。冷却液液位应位于MAX（最高）与MIN（最低）标记之间。冷却液液位过低，须添加冷却液。

注意：不同品牌和型号的防冻液建议不要混合使用。

2. 动力电池冷却液的排放、加注和排空气 ★

① 打开冷却液膨胀罐总成盖（图2-2-10）。

② 断开散热器出水管（图2-2-11），用回收容器接收放出的冷却液。

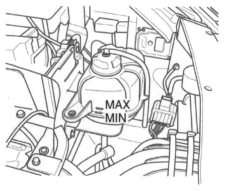

图2-2-9 动力电池冷却液液位的检查

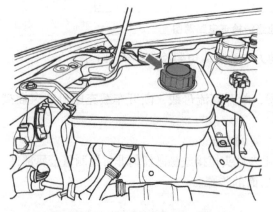

图2-2-10 冷却液膨胀罐总成盖

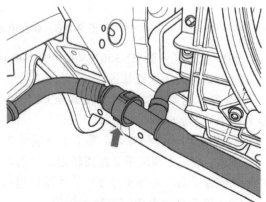

图2-2-11 散热器出水管

③ 冷却液排放完毕后，连接散热器出水管并检查冷却管路是否连接完整。

④ 将车辆起动至ON档且非充电状态，连接诊断仪，选择相应车型→手工选择系统→空调控制器（AC）→特殊功能，选择加注初始化，车辆处于加注初始化状态。

⑤ 拧开膨胀罐盖，缓慢加注冷却液（图 2-2-12），直至膨胀罐内冷却液量达到 80% 左右，且液位不再下降。

⑥ 系统排气。连接诊断仪，使车辆处于排气状态，如果液位下降应及时补充冷却液，排气过程时长不小于 10min。

⑦ 观察膨胀罐内冷却液的下降情况，及时补充冷却液，保持冷却液位处于 MAX 线和 MIN 线之间。

⑧ 加注完成，拧紧膨胀罐盖，控制诊断仪，使车辆恢复默认模式。

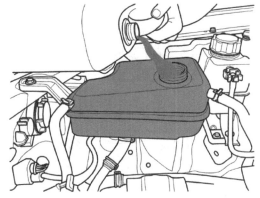

图 2-2-12　加注冷却液

3. 动力电池冷却液系统电动水泵的更换★

吉利帝豪 EV450 电动水泵的更换步骤如下：

① 开前机舱盖。断开蓄电池负极电缆，拆下机舱底部护板总成。排放电池冷却系统冷却液。

② 断开电动水泵线束插接器。拆卸电动水泵与水泵进、出水管的连接卡箍，脱开水泵进、出水管，如图 2-2-13 所示。

③ 拆卸电动水泵支架上的固定螺栓，如图 2-2-14 所示，取下电动水泵总成。

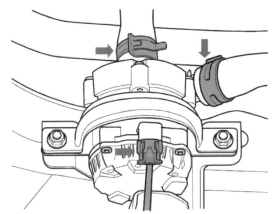

图 2-2-13　拆卸线束插接器及进、出水管

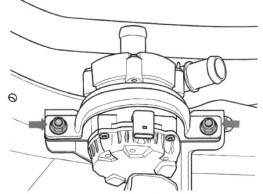

图 2-2-14　拆卸水泵支架固定螺栓

安装时大体按照与拆卸相反的顺序进行，连接插接器时需遵循"一插、二响、三确认"的原则。

4. 动力电池冷却系统密封性的检查★

动力电池冷却系统密封性的检查步骤如下：

1）关闭所有用电器，关闭起动开关。

2）拆卸手动维修开关，断开蓄电池负极接线柱，拆卸机舱前上护板，待动力电池冷却液冷却到环境温度。

3）沿箭头方向旋出膨胀罐盖，如图 2-2-15 所示。

4）将冷却系统测试工具的系统接头 A 连接到膨胀罐上。将冷却系统测试工具的测试表 B 连接到冷却系统测试工具的系统接头 A 上，并利用冷却系统测试工具的测试表 B 将冷却系统施加到规定的压力值,如图 2-2-16 所示。

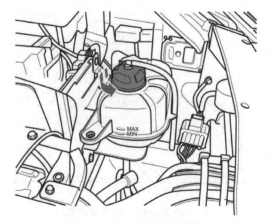

图 2-2-15 旋出膨胀罐盖

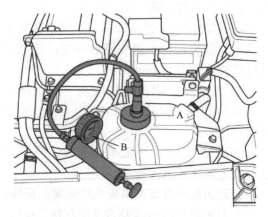

图 2-2-16 冷却系统接头 A、测试表 B

5)等待数分钟后,如果压力下降,则动力电池冷却系统有泄漏,找出泄漏部位并排除故障。

6)检测膨胀罐盖安全阀,如图 2-2-17 所示。

① 将冷却系统测试工具的膨胀罐盖接头 B 连接到膨胀罐盖 C 上。

② 将冷却系统测试工具的测试表 A 连接到膨胀罐盖接头 B 上,并往膨胀罐盖 C 内施加压力。

③ 当压力达到规定值时,安全阀必须打开,如果膨胀罐盖 C 中的安全阀没有打开,则更换膨胀罐盖 C。

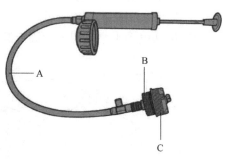

图 2-2-17 检测膨胀罐盖安全阀

5. 冷却液管路的更换★★

(1)散热器出水管更换

① 打开前机舱盖,举升车辆,拆卸前机舱底部护板总成。

② 使用卡箍钳断开图 2-2-18 所示的散热器出水管卡箍,并断开散热器出水管。

注意:冷却液管路脱开前,在车底放置收集容器,接住冷却液。

③ 断开如图 2-2-19 所示的热交换器与散热器连接水管。

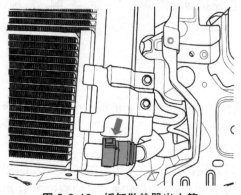

图 2-2-18 拆卸散热器出水管

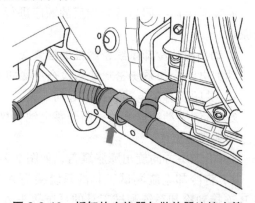

图 2-2-19 拆卸热交换器与散热器连接水管

④ 使用卡箍钳松开图 2-2-20 箭头所指示的水泵与散热器水管的连接卡箍，取下出水管。

安装大体按照与拆卸相反的顺序进行，安装完成后添加并检查冷却液。

（2）散热器进水管更换

① 打开前机舱盖，举升车辆，拆卸前机舱底部护板总成。

② 使用专用环箍钳断开如图 2-2-21 所示的散热器进水管环箍，并断开散热器进水管。

③ 松开如图 2-2-22 所示的散热器进水管卡箍，取出散热器进水管总成。

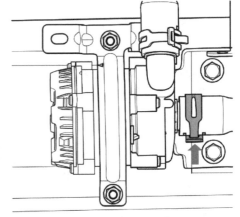

图 2-2-20 松开卡箍取下出水管

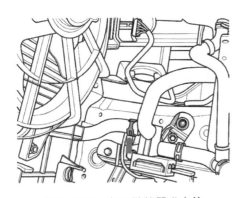 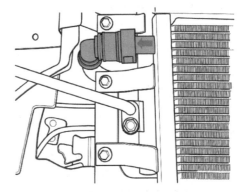

图 2-2-21 断开散热器进水管　　图 2-2-22 松开卡箍取出散热器进水管总成

安装大体按照与拆卸相反的顺序进行，安装完成后添加并检查冷却液。

（3）加水软管更换

① 打开前机舱盖，拆卸加水软管。

② 使用专用的环箍钳拆卸环箍，脱开加水软管（膨胀罐侧），如图 2-2-23 所示。

③ 拆卸环箍，脱开加水软管（水泵侧），取下加水软管。

注意：冷却液高温时，不要执行该操作以免造成烫伤。水管脱开前请在车辆底部放置容器，接住冷却液，以免污染地面。

安装时大体按照与拆卸相反的顺序进行，安装完成后添加并检查冷却液。

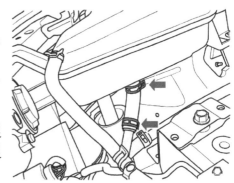

图 2-2-23 拆卸环箍、脱开加水软管

6. 电动风扇总成的更换★★

① 打开前机舱盖，断开蓄电池负极电缆，拆卸前保险杠上饰板。

② 找到冷却风扇，断开冷却风扇 2 个线束插接器，脱开线束固定卡扣，如图 2-2-24 所示。

③ 拆卸冷却风扇固定螺栓，脱开高压线束卡扣，如图 2-2-25 所示。

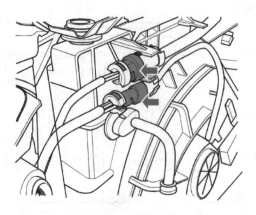
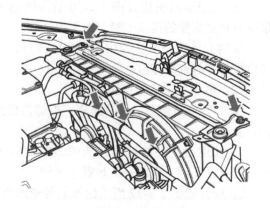

图 2-2-24 断开线束插接器、线束固定卡扣　　图 2-2-25 拆卸固定螺栓、高压线束卡扣

④ 拆卸冷却风扇固定螺栓,如图 2-2-26 所示,向上取出冷却风扇。

风扇总成的安装可按照与拆卸相反的顺序进行,注意线束插接器应可靠固定到风扇外壳的支架上,以免卷入风扇。

7. 散热器总成的更换★★

① 打开前机舱盖,断开蓄电池负极电缆,拆卸前保险杠。

② 断开散热器进水管 A,拆卸冷却风扇总成与散热器固定螺栓 a 和 b,如图 2-2-27 所示。

注意:水管脱开前请在车辆底部放置容器,接住冷却液,以免污染地面。

③ 断开散热器出水管 A,拆卸冷却风扇总成与散热器固定螺栓 c,如图 2-2-28 所示。

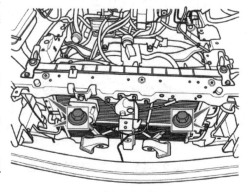

图 2-2-26 拆卸冷却风扇固定螺栓

注意:小心移动散热器,避免与其他部件磕碰,以免损坏散热器的散热片。

安装时大体按照与拆卸相反的顺序进行,安装完成后添加并检查冷却液。

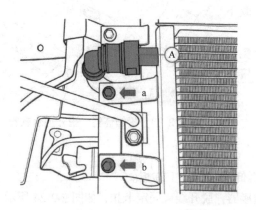
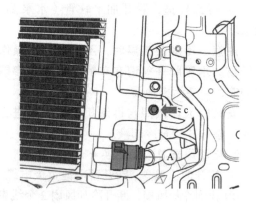

图 2-2-27 拆卸进出水管 A、固定螺栓 a 和 b　　图 2-2-28 拆卸进出水管 A、固定螺栓 c

2.3 动力电池功能检查与更换★★

2.3.1 动力电池总成的更换

1. 拆装注意事项

动力电池属于高压危险产品，维修人员在拆装过程中需注意以下事项：

① 动力电池黄线连接部分或者贴有高压标识的零部件在拆卸时应严格注意安全操作规范。

② 动力电池卸下前应立即断开电池维修开关，且对开关插座进行覆盖绝缘保护。

③ 动力电池动力输出口插座必须进行绝缘覆盖保护，避免异物落入造成触电。

④ 拆卸过程中，注意采样信号线不得用力拉拔、过度弯曲，以防采样信号线受损坏。

⑤ 安装过程，螺钉紧固力矩必须按照设计要求，使用专业工具紧固。

⑥ 动力电池铜排连接片与模组连接位置装配前应除尘、去污。

⑦ 动力电池拆卸过程中注意零部件标识，以免遗漏或装错。

⑧ 安装完成后必须对紧固件打扭力标（在紧固件及其安装面上用油漆笔画线）。

⑨ 在动力电池拆卸和安装过程中，禁止暴力拆卸、跌落、碰撞、模组倾斜、重压模组、采样信号线过度拉扯及人为短路等非正常工作行为，禁止非工作人员拆卸。

⑩ 动力电池属高压器件，操作不当易造成人员伤亡。所有拆装过程及注意事项应严格参照拆装规范。

警告：

为了避免造成人身伤害，非专业人员请勿拆卸动力电池。

在未佩戴相应防护用具的情况下，请勿接触或对动力电池进行操作。

操作前，请将车辆退电至 OFF 档。

请按照流程顺序进行拆卸。

拆卸过程中，请注意动力电池及车辆上贴有的高压警示标识。

拆卸过程中，部分零部件具有锁紧功能，请勿使用蛮力破坏。

拆卸过程中，请注意对动力电池进行防护。

2. 动力电池更换步骤

（1）比亚迪 e2 动力电池更换

比亚迪 e2 动力电池更换流程如图 2-3-1 所示。

动力电池安装要点：对正位置，将车身降到合适高度，将动力电池的信号采集线通过底盘预留的信号采集线口牵引至车舱内，然后继续下降至底盘与动力电池边缘相接触，对角固定安装动力电池螺栓，并以 135N·m

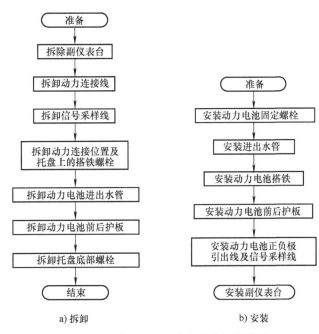

图 2-3-1 比亚迪 e2 动力电池更换流程

的力矩拧紧。

（2）比亚迪 e5 动力电池拆装

① 将车辆退电至 OFF 档，断开 12V 蓄电池负极，等待 5min。

② 用举升机将整车升起到合适的高度，使用专用的举升设备托着动力电池。

③ 拆开副仪表台盖板，佩戴绝缘手套，拔掉动力电池信息采样通信线插接器，然后拔出直流母线插接器（图 2-3-2），拔掉冷却液管路接头（图 2-3-3）。

图 2-3-2　动力电池信息采样通信线插接器与直流母线插接器位置

图 2-3-3　冷却液管路

④ 使用 18mm 套筒卸掉托盘周边紧固件，卸下动力电池。

⑤ 佩戴绝缘手套，用万用表测试更新的动力电池母线是否有电压输出，没有电压输出就更换装车。

安装时大体按照与拆卸相反的顺序进行，检查并加注动力电池冷却液。

（3）吉利电动汽车动力电池拆装

1）打开前机舱罩，断开蓄电池负极电缆。

2）断开直流母线（充电机侧）。

① 拆卸动力线束中的盖板。

② 断开充电机侧直流母线总成线束插接器，如图 2-3-4 所示。

③ 静止 5min 后，按照图 2-3-5 所示的方法使用万用表测量直流母线电压。母线电压低于 36V 方可进行后续步骤。

项目2 动力电池结构原理与维修

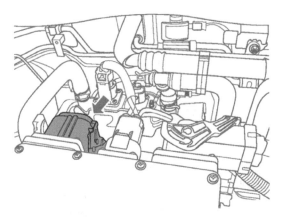 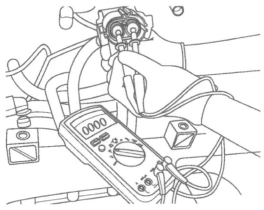

图 2-3-4　断开充电机侧直流母线线束插接器　　图 2-3-5　使用万用表检测直流母线电压

3）排放动力电池冷却液。

动力电池冷却液与驱动电机冷却液共用一个膨胀罐。

① 打开电机冷却液膨胀罐盖，如图 2-3-6 所示。

② 使用环箍钳脱开水泵总成（电机控制器）进水管卡箍（图 2-3-7），并脱开进水管，用回收容器接收放出的冷却液。

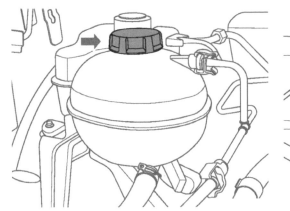 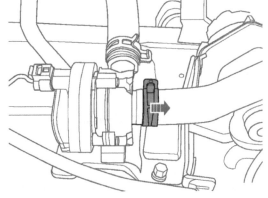

图 2-3-6　打开电机冷却液膨胀罐盖　　　　　图 2-3-7　脱开进水管

4）拆卸动力电池。

① 置入平台车，使用平台车支撑动力电池，如图 2-3-8 所示。

② 参照图 2-3-9 分别进行如下操作：拆卸动力电池搭铁线固定螺栓，断开动力电池搭铁线；断开动力电池与前机舱线束的两个插接器；断开动力电池两个高压线束插接器。

③ 如图 2-3-10 所示，拆卸动力电池总成后部三颗固定螺栓。

④ 如图 2-3-11 所示，拆卸动力电池总成底部 18 颗固定螺栓。

⑤ 缓慢下降平台车取出动力电池总成。

61

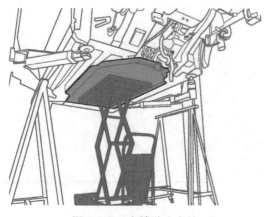

图 2-3-8 支撑动力电池

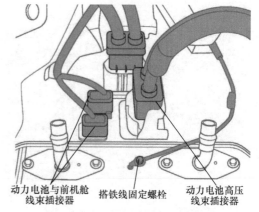

图 2-3-9 拆卸动力电池连接线

（动力电池与前机舱线束插接器　搭铁线固定螺栓　动力电池高压线束插接器）

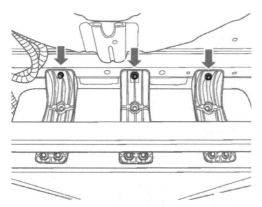

图 2-3-10 拆卸动力电池总成后部三颗固定螺栓

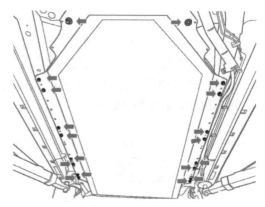

图 2-3-11 拆卸动力电池总成底部 18 颗固定螺栓

2.3.2 动力电池开箱与密封

（1）开箱

吉利帝豪 EV350/450/500 开箱步骤如下：

① 打开前机舱罩，断开蓄电池负极电缆，断开直流母线（充电机侧），排放动力电池冷却液，拆卸动力电池总成，参照 2.3.1 小节动力电池总成的更换。

② 拆卸前部密封压板的 7 个固定螺栓（图 2-3-12），取下前部密封压板。

③ 拆卸动力电池箱盖。

a）拆卸上盖压条的 50 颗 M6×25 内六角花形 T30 圆柱形螺钉（图 2-3-13）。

b）取下电池箱盖上的上盖压条（图 2-3-14）。

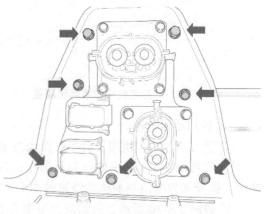

图 2-3-12 拆卸前部密封压板 7 个固定螺栓

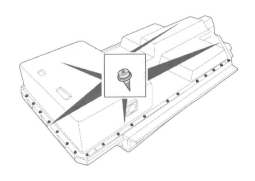

图 2-3-13 拆卸上盖压条的 50 颗螺钉

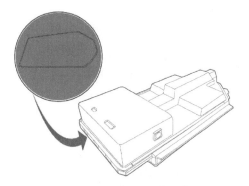

图 2-3-14 取下上盖压条

c）取下动力电池箱盖（图 2-3-15）。

（2）密封

安装顺序可按开箱的相反顺序进行。最后密封过程选胶枪与密封胶配合使用。密封胶涂打箱体一圈，禁止留有间断部位。

安装完成后需要做气密性检测。做气密性检测时，要求使用专业工具（接插件保护罩）堵塞高压/低压线束接口。具体步骤如下：

① 用防爆阀工装堵塞防爆阀孔位，使用专业工具安装前部接插件保护罩。

② 使用 3.5kPa 的气压给电池箱充气，充气时间 450s，气压达 2.5~3.0kPa。

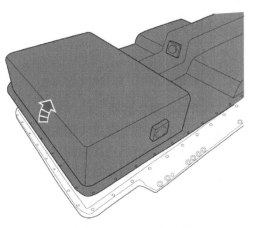

图 2-3-15 取下动力电池箱盖

③ 稳压持续 60s，检测电池箱内气压为 2.5~3.0kPa。

④ 测电池箱内的泄漏率 60s：流量 <20cc/min，压力 <100Pa/min。

2.3.3 动力电池辅助元器件检查与更换

动力电池辅助元器件（图 2-3-16）主要包括动力电池系统内部的电子元器件，如熔断器、继电器、分流器、插接器、紧急开关、烟雾传感器等，维修开关以及电子元器件以外的辅助元器件，如密封条、绝缘材料等。

2.3.4 动力电池电流传感器的更换

① 打开前机舱罩，断开蓄电池负极电缆，断开直流母线（充电机侧），排放动力电池冷却液，拆卸动力电池总成，参照 2.3.1 动力电池总成的更换。

图 2-3-16 北汽新能源 C30DB 动力电池辅助元器件

② 拆卸动力电池箱盖，参照 2.3.2 小节动力电池开箱步骤。

③拆卸熔断器。

a）拆卸熔断器罩盖（图2-3-17）。

b）拆卸熔断器的2颗固定螺栓（图2-3-18），取下熔断器。注意：用绝缘胶布包扎软铜排线束插头，防止相互触碰。

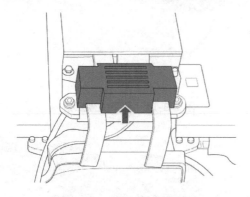

图2-3-17　拆卸熔断器罩盖

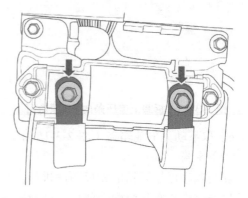

图2-3-18　拆卸熔断器的2颗固定螺栓

④拆卸电流传感器。

a）拆卸高压盒上端盖4颗固定螺钉（图2-3-19）。

b）断开电流传感器线束插接器（图2-3-20）。

c）拆卸电流传感器的2颗固定螺栓，取下电流传感器（图2-3-21）。

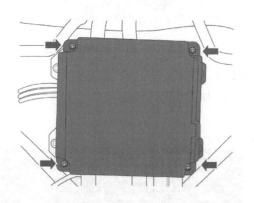

图2-3-19　拆卸高压盒上端盖4颗固定螺钉

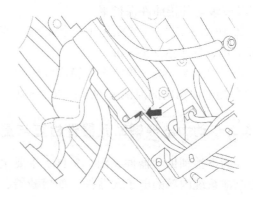

图2-3-20　断开电流传感器线束插接器

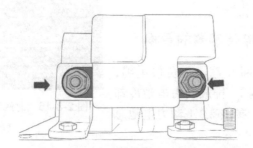

图2-3-21　拆卸电流传感器的2颗固定螺栓

动力电池电流传感器的安装可按相反的顺序进行。

2.3.5 动力电池模组的更换

这里以吉利帝豪电动汽车 M13 电池模组拆装实例说明前部底层电池模组的拆装步骤。吉利帝豪电动汽车 M13 电池模组位置如图 2-3-22 所示。

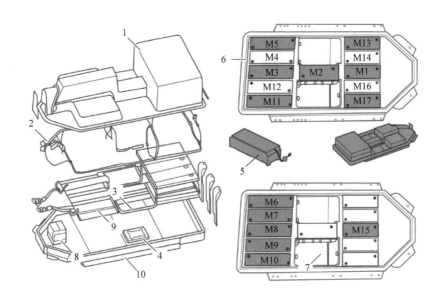

图 2-3-22 吉利帝豪电动汽车 M13 电池模组位置

1—电池箱盖　2—内部线束　3—水管连接管　4—BMS　5—电池模组　6—底层电池模组位置图　7—上层电池模组位置图　8—高压盒　9—水冷板　10—动力电池底板

其步骤如下：

① 打开前机舱罩，断开蓄电池负极电缆，断开直流母线（充电机侧），排放动力电池冷却液。

② 拆卸动力电池总成，拆卸动力电池箱盖。

③ 拆卸熔断器，拆卸熔断器盒，拆卸软铜排支架。

④ 拆卸 M15 电池模组。

a）断开 M15 电池模组的线束插接器（图 2-3-23）。

b）拆卸电池模组前部固定支架的 2 颗固定螺栓（图 2-3-24），取下固定支架后取下电池模组。

⑤ 拆卸 M15 水冷板。

a）断开 M15 电池模组水冷板前部与水管连接的卡扣（图 2-3-25）。

b）断开 M15 电池模组水冷板后部与水管连接的卡扣（图 2-3-26），取下 M15 电池模组水冷板。

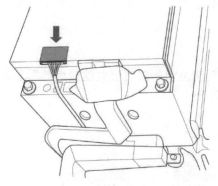

图 2-3-23　M15 电池模组线束插接器

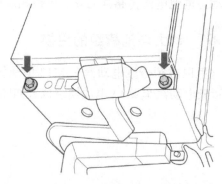

图 2-3-24　电池模组前部固定支架固定螺栓

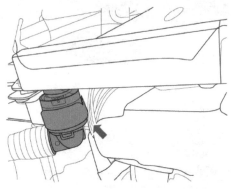

图 2-3-25　M15 电池模组水冷板前部与水管连接的卡扣

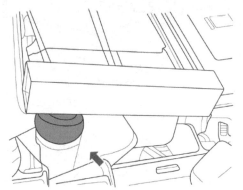

图 2-3-26　M15 电池模组水冷板后部与水管连接的卡扣

⑥拆卸前部底层电池模组（以 M13 电池模组为例说明）。

a）断开 M13 电池模组的线束插接器（图 2-3-27）。

b）拆卸电池模组前部的 3 颗固定螺栓（图 2-3-28），取下固定支架。

c）拆卸电池模组后部的 3 颗固定螺栓（图 2-3-29），取下固定支架后取下 M13 电池模组。

前部底层电池模组安装可按拆卸的相反顺序进行。注意：在安装电池模组水冷板后需做气密性检测。操作步骤如下：

①使用水冷管工装，堵塞水冷管口，检测水冷管气密性。

②使用 355kPa 气压给水冷管充气，重起时间 40s，气压范围 350~360kPa。

③稳压持续 120s，检测水冷系统气压，范围 350~360kPa。

④测试时间 60s，范围 −75~75Pa。

⑤排气 3s。

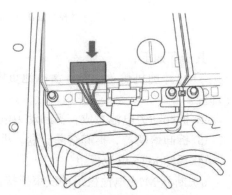

图 2-3-27　断开 M13 电池模组的线束插接器

项目2 动力电池结构原理与维修

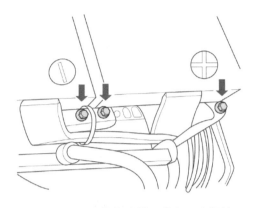

图 2-3-28 拆卸电池模组前部固定螺栓

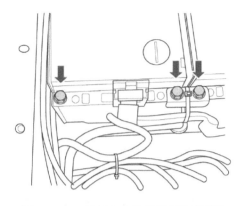

图 2-3-29 拆卸电池模组后部固定螺栓

2.3.6 高压继电器（接触器）、预充电阻的更换

动力电池的高压继电器主要有主负继电器、主正继电器、主正预充继电器。

（1）主负继电器的更换

1）打开前机舱罩，断开蓄电池负极电缆，断开直流母线（充电机侧），排放动力电池冷却液。

2）拆卸动力电池总成，参见 2.3.1 小节动力电池总成的更换。

3）拆卸动力电池箱盖，参见 2.3.2 小节动力电池开箱步骤。

4）拆卸熔断器，参见 2.3.4 小节动力电池电流传感器中步骤③熔断器的更换步骤。

5）拆卸继电器上端盖固定螺钉、继电器两侧软铜排和固定螺栓。

a）拆卸上端盖 4 个固定螺钉（图 2-3-30）。

b）拆卸继电器两侧 6 根软铜排的 6 个固定螺栓（图 2-3-31）。绝缘胶布包扎线束插头，防止相互触碰。

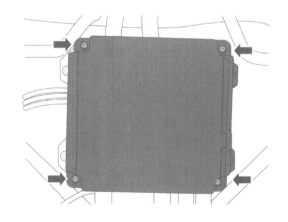

图 2-3-30 拆卸继电器上端盖固定螺钉

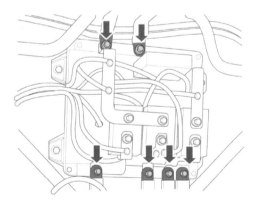

图 2-3-31 拆卸继电器软铜排的固定螺栓

6）拆卸电池模组侧硬铜排 1 个固定螺栓并取下硬铜排（图 2-3-32）。拆卸另一侧硬铜排的 1 个固定螺栓并取下硬铜排（图 2-3-33）。

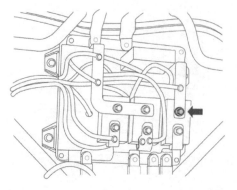
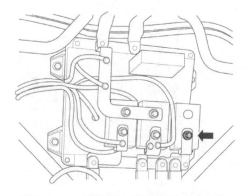

图 2-3-32　拆卸电池模组侧硬铜排固定螺栓　　图 2-3-33　拆卸另一侧硬铜排固定螺栓

7）拆卸主负继电器底部的 2 个固定螺栓（图 2-3-34），取下主负继电器。

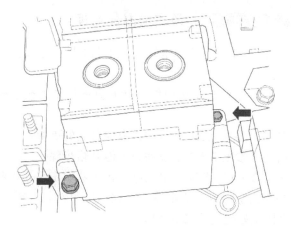

图 2-3-34　拆卸主负继电器底部固定螺栓

（2）主正继电器的更换

主正继电器的更换步骤 1）至步骤 5）与主负继电器的更换步骤 1）至步骤 5）相同。

1）拆卸主正继电器硬铜排的 3 颗固定螺栓（图 2-3-35），取下硬铜排。

2）拆卸主正继电器底部的 2 颗固定螺栓（图 2-3-36），取下主正继电器。

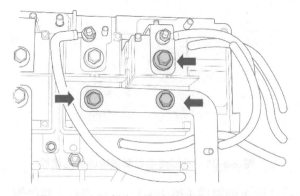
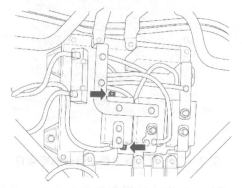

图 2-3-35　拆卸主正继电器硬铜排固定螺栓　　图 2-3-36　拆卸主正继电器底部固定螺栓

（3）主正预充继电器的更换

主正预充继电器的更换步骤1）至步骤5）与主负继电器的更换步骤1）至步骤5）相同。

步骤6）断开主正预充继电器线束插接器①，拆卸主正预充继电器2个固定螺栓②（图2-3-37）。

（4）主正预充电阻的更换

主正预充电阻的更换步骤1）至步骤5）与主负继电器的更换步骤1）至步骤5）相同。

1）拆卸快充主正继电器安装支架2颗固定螺栓（图2-3-38）。

2）断开电阻上的2个线束插接器①，在高压盒背面拆卸电阻上的2个扎带②，取下主正预充电阻（图2-3-39）。

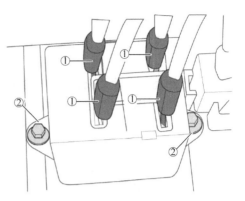

图2-3-37　断开主正预充继电器线束插接器①并拆卸2个固定螺栓②

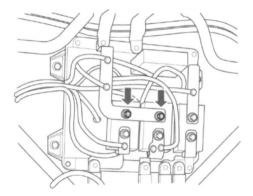

图2-3-38　拆卸快充主正继电器安装支架固定螺栓

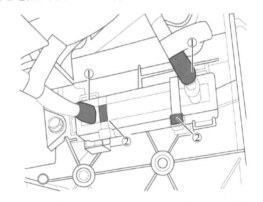

图2-3-39　断开电阻上的2个线束插接器①和2个扎带②

2.3.7　电池管理器检查与更换

电池管理器作为动力电池管理系统的核心，一般安装于动力电池内部，如吉利帝豪EV300/EV400/GSe等。也有的安装在车的其他部位，例如比亚迪e2电池管理器装在前机舱右侧护板处。

（1）比亚迪e2电池管理器的更换

① 拆卸右侧护板（图2-3-40）。

② 断开2个插接器。

③ 拆卸4个螺母。

④ 取下动力电池管理器。

电池管理器的安装可按拆卸的相反顺序进行。

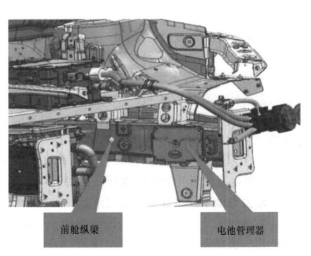

图2-3-40　比亚迪e2电池管理器在车上的安装位置

(2)吉利帝豪 EV450 电池管理器（BMS）的更换

① 打开前机舱罩，断开蓄电池负极电缆，断开直流母线（充电机侧），排放动力电池冷却液。

② 拆卸动力电池总成，参见 2.3.1 小节动力电池总成的更换。

③ 拆卸动力电池箱盖，参见 2.3.2 小节中动力电池开箱步骤。

④ 拆卸熔断器，参见 2.3.4 小节动力电池电流传感器更换中的熔断器更换步骤③。

⑤ 拆卸 BMS。

a）断开 BMS 上的 12 个线束插接器（图 2-3-41）。

b）拆卸 BMS 底部的 4 颗固定螺栓（图 2-3-42），取出 BMS。

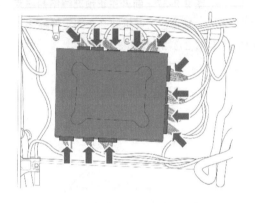

图 2-3-41　断开 BMS 上的线束插接器

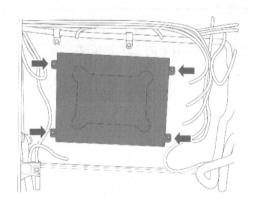

图 2-3-42　拆卸 BMS 底部固定螺栓

BMS 的安装可按拆卸相反顺序进行。

2.4　动力电池系统故障诊断★★★

2.4.1　动力电池故障诊断

1. 动力电池故障征兆

电动汽车的动力电池系统发生故障时，会导致高电压系统内接触器不能工作，使车辆失去动力而不能行驶，同时位于仪表板的动力系统故障指示灯点亮。关于动力电池的故障，仪表盘上一般显示动力电池过热故障指示灯、动力电池故障指示灯，如图 2-4-1 所示。部分车型还增加了动力电池绝缘故障、动力电池系统断开故障指示灯，见表 2-4-1。

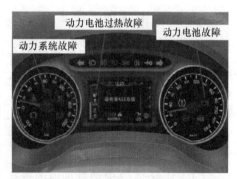

图 2-4-1　比亚迪 e5 仪表显示的动力电池故障指示灯

2. 动力电池系统故障码读取与清除

动力电池系统故障码读取与清除步骤：连接诊断仪→选择车型→选择诊断项目→选择控制单元→选择动力模块→选择电池管理系统→（功能菜单里）选择读取故障码→选择清除数据。

项目 2　动力电池结构原理与维修

表 2-4-1　动力电池故障指示灯列表

故障类型	故障灯	故障含义
动力电池故障	HV	灯亮起时，代表着动力电池可能存在故障，要慢速行驶及时维修，如果感觉到明显的故障，最好不要再继续行车，及时申请救援
动力电池过热故障		灯亮起时，说明动力电池过热，此时最好不要继续行驶，应该靠边停车，等待动力电池冷却，等动力电池冷却，故障灯熄灭后再行驶
动力电池绝缘故障	HV	灯亮起时，说明动力电池绝缘性能降低，可能由于长时间淋雨造成的，静放几天等车辆干燥后再查看故障是否存在，若存在，需及时维修
动力电池系统断开故障	HV	灯亮起时，表示动力电池不能提供动力来源，电池动力已切断，需及时维修

3. 动力电池系统数据流读取

动力电池系统数据流读取步骤：连接诊断仪→选择车型→选择诊断项目→选择控制单元→选择动力模块→选择电池管理系统→（功能菜单里）选择读取数据流。

4. 线束及端子连接引发的动力电池系统故障诊断

动力电池回路简图如图 2-4-2 所示。线束及端子连接引发的动力电池回路故障诊断流程图如图 2-4-3 所示。

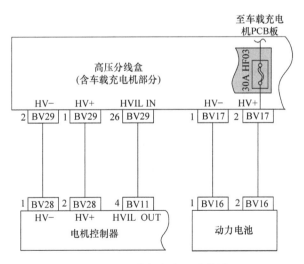

图 2-4-2　动力电池回路简图

5. 动力电池组过热引发的动力电池系统故障诊断

动力电池组过热引发的动力电池系统故障诊断见表 2-4-2。

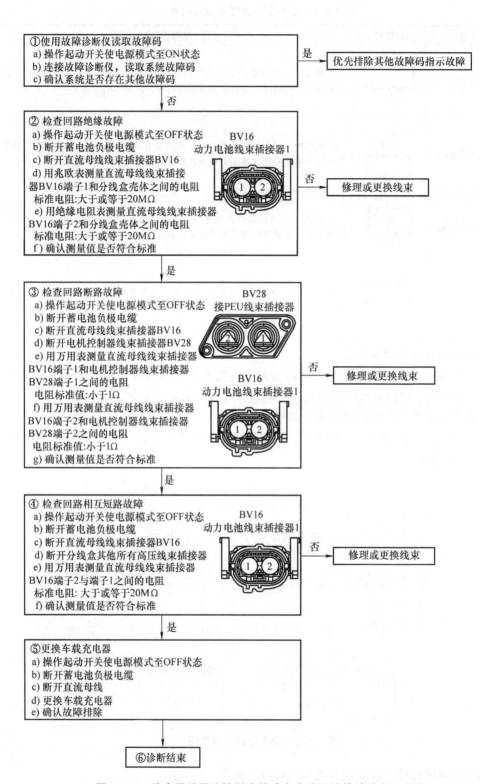

图 2-4-3 线束及端子连接引发的动力电池回路故障诊断流程图

项目2 动力电池结构原理与维修

表 2-4-2　动力电池组过热引发的动力电池系统故障诊断

故障名称	动力电池温度过高
故障可能造成的影响	导致动力电池隔膜融化，出现动力电池内短路，从而引起热失控，出现着火、爆炸
导致故障的原因	动力电池热管理系统有问题；动力电池单体电池本身有问题；动力电池装配节点松弛
处理措施	停止充电/加热/行车，等温度自然降低，如果重新上电车辆恢复正常，则不需要进行维修；如果重新上电车辆不能恢复正常，或者较短时间内温度仍迅速上升，则需要按照"建议的维修措施"检查维修
建议的维修措施	采集动力电池温度数据，检查温度传感器与实际温度差异；检测动力电池热管理系统；检查动力电池单体电池状态；检查动力电池系统装配问题

6. 车辆不能上电故障诊断

（1）2017年比亚迪e5车辆不能上电

1）故障现象。故障车比亚迪17款e5，打开点火开关后无法上OK电，OK指示灯闪烁后熄灭；动力系统警告灯亮，档位控制失效，不能正常换入档位；仪表显示"请检查动力系统"字样（图2-4-4）。

图 2-4-4　仪表显示"请检查动力系统"

2）原因分析

① 高压插接器没接或虚接。

② 低压线路故障。

③ 电池管理器故障。

3）维修过程

① 首先用诊断仪读取电池管路系统的故障码，报"高压互锁1"故障。故障为当前故障，无法清除。读取数据流发现"高压互锁1"锁止，如图2-4-5所示。

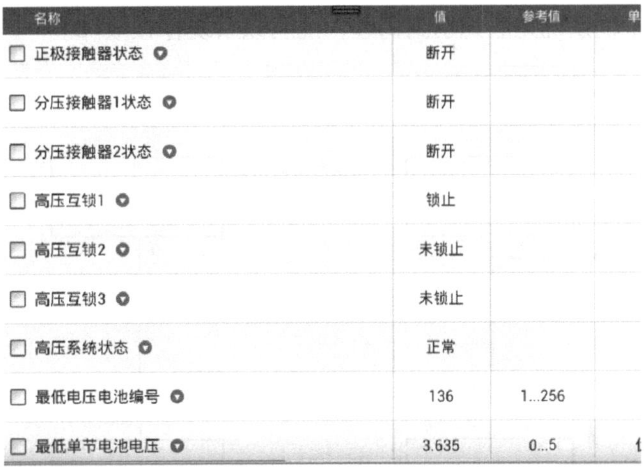

图 2-4-5　"高压互锁1"锁止

注意：高压互锁（图2-4-6）是纯电动汽车上一种利用低压信号监测高压回路完整性的安全设计措施。 根据VDE的标准允许接触的最大电压为50V交流电及120V直流电。车辆的所有高压电器及高压线束都要有良好的防护性，高压互锁就是其中的一种。高压互锁装置采用低压线束作为信号线，与高压电源线并联在高压线束护套管内，并将所有高压部件串联起来形成回路。

② 图2-4-7所示为高压互锁电路简图，由图可知高压互锁有四个模块，分别是电池管理器、PTC（空调加热器）、高压电控总成和动力电池。由图可知信号是从电池管理器的接插BK45（A）的1号针脚发出，经过3个高压模块，到电池管理器的插接器BK45（B）的7号针脚回路，有电池管理系统判断互锁回路的通断。

图2-4-6　高压互锁端子

③ 先检查所有插接器发现无异常。接着拔下电池管理器的插头，测量BK45（A）1号针脚和BK45（B）7号针脚之间的电阻，阻值无穷大，为异常。现在可以排除是电池管理器的故障，故障点基本可以确定在低压线束上。

④ 把整个互锁回路分成两个部分。拔下高压电控总成的插头，先测量BK45（B）的7和B28（B）的23号针脚之间的电阻，阻值0.3Ω，为正常，确认此段线路是没有问题的。

⑤ 测量B45（A）的1号针脚到B28（B）的22号针脚之间的阻值，无穷大，为异常。判断故障就在这两段线路上。

⑥ 拔下PTC互锁插接器，测量BK45（A）的1号针脚到B52的1号针脚的阻值，无穷大，为异常，排查B45（A）的1针脚到B52的1号针脚之间的线路，发现断路，重新接好线束，插上插头，故障排除。

（2）2019年比亚迪e5车辆不能上电

1）故障现象。一辆2019年比亚迪e5纯电动汽车正常起动时，仪表板显示无法识别到钥匙，对智能钥匙系统进行检修后，再次起动车辆时，车辆系统能识别到钥匙，但仪表板显示无法上电。

2）不能识别钥匙逻辑分析。因为比亚迪e5纯电动汽车有智能钥匙系统（图2-4-8），车辆系统无法识别到钥匙，说明该系统存在故障。

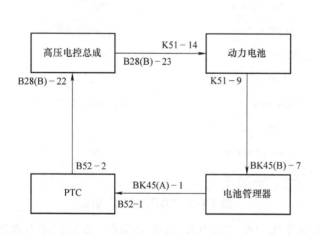

图2-4-7　高压互锁电路简图

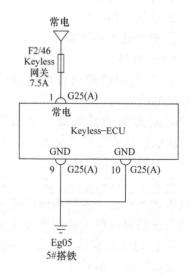

图2-4-8　智能钥匙系统电路简图

3）不能识别钥匙故障排除。智能钥匙系统 ECU 供电线路的熔丝为 F2/46，对其进行检查，无异常。对 Keyless-ECU 的 9 号和 10 号搭铁端子进行检查，发现搭铁不良，对搭铁点进行修复后，再次起动车辆，车辆能识别到钥匙，但仪表板还是显示无法上电。

4）无法上电过程分析。比亚迪纯电动汽车 e5 上电的过程：智能钥匙系统识别到合法钥匙，系统监测到双高压互锁回路无断路故障、系统无绝缘等故障时，这些信息通过网络传输至车身控制系统（BCM），车身控制系统（BCM）控制车辆上电，否则会存储相应故障码，并在起动车辆时，仪表板显示无法上电。

根据以上分析，比亚迪 e5 无法上电的原因有如下可能：

① 防盗系统故障：比如钥匙无电或非法、智能钥匙系统、电源开关或车身控制系统（BCM）有故障。

② 通信故障：比如网关、网络节点或与上电有关的网络出现故障。

③ 模块电源故障：比如电池管理系统（BMS）、整车控制系统、车身控制系统（BCM）、电控三合一控制系统或驱动三合一控制系统电源出现故障。

④ 高压故障：互锁断路、绝缘故障或维修开关等故障。

5）无法上电故障排除。读取故障码：使用故障诊断仪连接车辆诊断插座 DLC，诊断仪能与车辆通信，读取全车故障码，出现 1 个故障码：P1A600 高压互锁 1 故障。

比亚迪纯电动汽车 e5 有高压双互锁电路，如图 2-4-9 所示。分别是高压互锁电路 1：从动力电池的 BK51-30 号端子→电池管理器 BK45（B）-4 号端子→电池管理器 BK45（B）-5 号端子→充配电总成 B74-13 号端子→充配电总成 B74-12 号端子→动力电池的 BK51-29 号端子。

高压互锁电路 2：电池管理器 BK45（B）-11 号端子→充配电总成 B74-15 号端子→充配电总成 B74-14 号端子→电池管理器 BK45（B）-10 号端子。

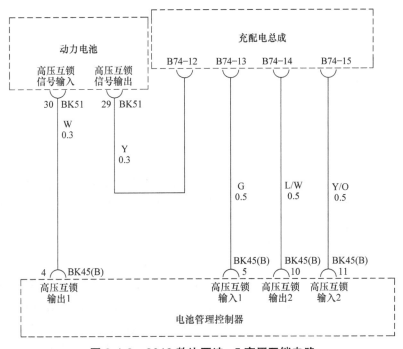

图 2-4-9　2019 款比亚迪 e5 高压互锁电路

① 检查高压双互锁电路线路、线路插接器外观及插接器连接情况，无异常现象。

② 对车辆进行下电操作。做好安全隔离并放置安全警告牌；穿戴个人防护用品；关闭电源开关，断开低压蓄电池负极并使用绝缘胶布包扎好负极电缆头；拆卸中央扶手箱并将手动维修开关放好；等待5~10min后拆卸高压导线。

③ 测量高压互锁插接器。根据图2-4-9所示，依次断开高压互锁回路1中的空调压缩机、PTC加热器与充配电总成的高压插头，如图2-4-10所示。发现B74-12号端子与B74-13号端子损坏，更换高压线后，故障排除。

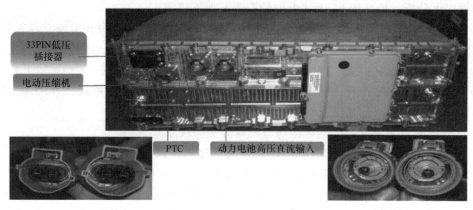

图 2-4-10 高压互锁插接器

（3）比亚迪秦 Pro DM 偶发性无法上 OK（上电）

1）故障现象。一辆具有6880km行驶里程的秦 Pro DM 出现偶发性无法上 OK，仪表板无任何故障提示，故障频率约2周一次。

2）原因分析。用诊断仪读取故障码发现，前驱动电机控制器报 U014100：与整车控制器通信故障；档位传感器报 U014000：与 BCM 通信故障；整车控制器报 U014000：BGM 通信故障；P1D7100：高压系统故障-BMS 放电不允许等故障。

根据故障，怀疑可能的故障原因如下：

① BCM 故障。

② 整车控制器故障。

③ 线路故障。

3）维修过程

① 由于车辆上电故障难以再现，又报通信故障，怀疑 CAN 网络存在异常。根据故障码对整车控制器、BMS、BCM 等有关系统的插接器及供电搭铁作常规检查，并重新插拔、打磨搭铁线后系统正常。

② 车辆一周后故障再现，但1h后又能重新正常上电，故障码还是与之前的一样。

③ 车辆3天后，故障再现。故障再现时仪表板无任何异常提示，反复踩制动踏板观察制动灯能正常点亮，但无法上 OK，诊断仪读取的故障码与原来的相同。通过诊断插头测量网电压及电阻：ECM 网 CAN-H 2.7V，CAN-L 2.16V，电阻 64.2Ω；ESC 网 CAN-H 2.73V，CAN-L 2.21V，电阻 62.5Ω；动力网 CAN-H 2.59V，CAN-L 2.35V，电阻 66.3Ω。电压、电阻均正常。根据故障码，结合故障现象，怀疑是 BCM 的故障可能性最大。由于该车型 BCM 与仪表板配电盒集成在一起，倒换正常车的仪表板配电盒试车，故障暂时没有出现。

④ 车辆 3 天后故障又再次出现，相继更换制动踏板总成及整车控制器后故障依旧。结合以上排查，怀疑网络故障。通过查看电路图可知仪表板配电盒（BCM）背面的 K 插口有 3 组网线，分别是 ECM 网、舒适网和起动网。当故障再现时，轻轻摇晃 K 口插接器上的线束，发现可以上 OK 电。分别挑出不同的网线针脚来模拟故障，最后发现挑出 G2K-7 这根网线时（ECM 网 CAN-H，图 2-4-11），同样的故障再现，因此故障点在 G2K-7 网线处。

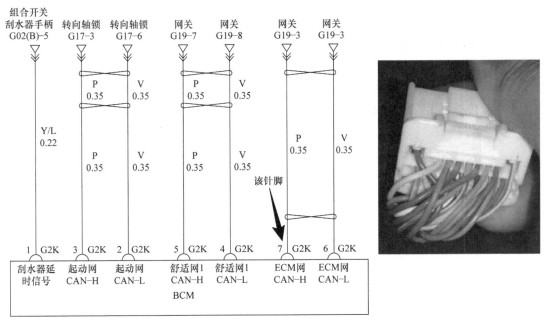

图 2-4-11　G2K-7 针脚（ECM 网 CAN-H）

2.4.2　动力电池系统典型故障

1. 比亚迪宋 Pro DM 充电功率为 0 故障

（1）故障现象

一台比亚迪宋 Pro DM 在充电时仪表板上没有显示充电功率与充电时间，如图 2-4-12 所示。

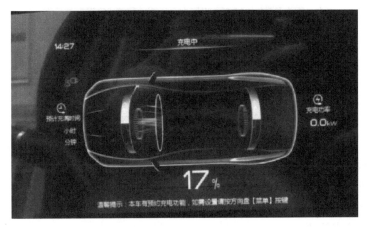

图 2-4-12　比亚迪宋 Pro DM 充电功率为 0

（2）原因分析

① 车载充电器故障。

② BMS 故障。

③ 线路故障。

④ 霍尔电流传感器故障等。

（3）维修过程

① 用 VDS1000 扫描各模块后发现无程序更新。

② 经检查车载充电系统插上充电枪，读车载充电系统里面数据流是正常（充电功率正常）。

③ 读取 BMS 数据流发现，在原地开空调或者急加速时，电池组电流一直为 0.1A（异常），如图 2-4-13 所示。判断霍尔传感器电流信号故障。由于该车型集成 BMS、高压配电箱（含电流传感器）、漏电传感器、动力电池于一体，最后更换动力电池故障排除。

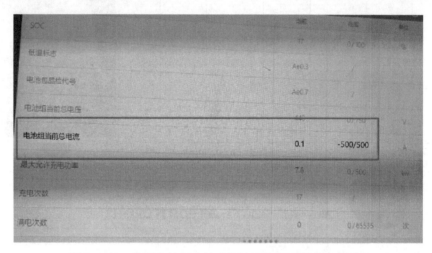

图 2-4-13　读取电池组电流（原地开空调或者急加速时）

2. 比亚迪 e5 不上电故障分析

（1）故障现象

一辆比亚迪 e5 按下起动按钮，OK 灯不亮，如图 2-4-14 所示。

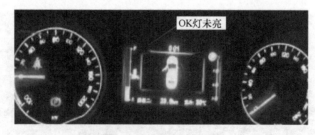

图 2-4-14　OK 灯不亮

（2）原因分析

① 电池管理器故障/低压线路故障。

② 动力电池故障。

③ 高压电控总成故障。

（3）维修过程

① VDS 读取电池管理器故障码和数据流，BMS 报 P1A3400：预充失败故障，故障码无法清除，读取数据流显示 SOC 为 25%，总电压为 621V，接触器断开，预充失败，如图 2-4-15 所示。

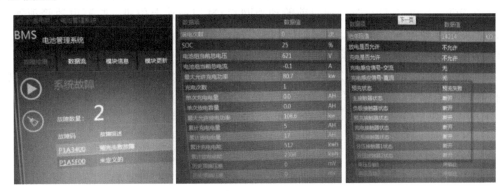

图 2-4-15　读取故障码和数据流

② 检查电池管理器插头针脚无异常，动力电池插接器针脚无异常，倒换电池管理器试车后故障依旧，倒换高压电控总成后故障依旧。

③ 短接动力电池互锁接口，测量动力电池无总电压，更换动力电池故障排除，故障电池装在其他车上故障再现。

3. 比亚迪 e2 动力电池漏电

动力电池漏电分两种情况：一般漏电和严重漏电。动力电池出现漏电时，仪表板上会报动力电池漏电故障，出现严重漏电时，车辆会限速至最高 60km/h。出现动力电池漏电情况，请立即将车辆路边停靠，联系工作人员进行处理。

检测方法：用 VDS2000 读取数据（漏电故障）。

戴上绝缘手套，穿上绝缘鞋，在确保安全的情况下用万用表测量动力电池的数据：正极对车身电压 V_1，负极对地电压 V_2，总电压 V。

若 $V_1 > V_2$，正极并联电阻 R（最好选 100kΩ 或 110kΩ）后测量对搭铁电压 V_3。$R_{绝缘}=(V_1-V_3)/V_3 \times R$。

若 $V_1 < V_2$，负极并联电阻 R（最好选 100kΩ 或 110kΩ）后测量对地电压 V_4。$R_{绝缘}=(V_2-V_4)/V_4 \times R$。

若 $R_{绝缘} < 500Ω/V$，动力电池漏电。

处理方法：将动力电池拆卸后交付专业人员进行专业检修。

4. 比亚迪 e2 容量标定错误

容量标定错误：外界人为因素对动力电池容量大小、当前 SOC 未进行标定匹配引起的错误；容量标定错误将会导致车辆的续航里程与当前 SOC 值不匹配，严重情况下会出现续驶里程跳变或驾驶人误判续驶里程导致车辆抛锚。出现动力电池容量标定错误，请联系专业工作人员进行处理。

处理方法如下：

① 条件允许的情况下，通过充电柜对车辆放电至车辆自动切断动力，然后给车辆充电至 SOC 为 100%，在 SOC 为 90% 左右时，通过前舱动力网 CAN 口连接上位机，打开电池

管理器监控系统，采集到车辆充电到 SOC 为 100% 时的本次充电容量，将此充电容量对于 SOC100% 重新标入电池管理器中，恢复车辆上电，车辆恢复正常。

② 如果不能通过充电柜对车辆进行放电，则需要 SOC 尽量小的情况下将车辆停放在充电位上，开启 PTC 制热将车辆电量放电至动力自动切断，然后给车辆充电至 SOC 为 100%，在 SOC 为 90% 左右时，通过前舱动力网 CAN 口连接上位机，打开电池管理器监控系统，采集到车辆充电到 SOC 为 100% 时的本次充电容量，将此充电容量对于 SOC100% 重新标入电池管理器中，恢复车辆上电，车辆恢复正常。

③ 车辆电池管理器自带修复功能，如果上述两种情况均无法操作，车辆在多次充放电后会将车辆容量修正为接近实际容量。但是此方法可能会让驾驶人误判续驶里程导致车辆抛锚。

项目 3

电池管理器结构原理与维修

【知识目标】

(1) 能够叙述动力电池管理器的控制功能。
(2) 能够叙述动力电池管理器的结构与简单原理。
(3) 能够归纳整理或查询常见车型动力电池管理器的安装位置及参数。

【技能目标】

(1) 能够正确进行电池管理系统故障码的读取与清除。
(2) 能够正确进行动力电池管理系统数据流的读取与分析。
(3) 能够正确进行动力电池管理器外观及线束插接器的检查。
(4) 能够正确查询动力电池管理器电路图和端子电压。
(5) 能够正确进行动力电池管理器的更换操作。
(6) 能够正确进行动力电池管理器的故障诊断。
(7) 作业结束后能够正确收集、清洁、整理工具和耗材,对工位进行7S操作。

【素养目标】

(1) 遵守工作场所的法律法规和政策,拥有较高的安全意识。
(2) 在需要的时候协助他人并提供帮助。
(3) 能够合理地分析和解决完成任务时出现的问题。
(4) 理解和阅读工作文件,报告书写清晰简洁。

3.1 动力电池管理器结构与原理

3.1.1 动力电池管理器概述

动力电池管理器（图 3-1-1）也称动力电池控制器，其主要功用是保护动力电池，合理地使用并管理动力电池的电能，为驾驶人提供并显示动力电池的动态变化参数等，是电动汽车节能、减排和延长续驶里程的重要管理部件。

图 3-1-1　动力电池管理器

动力电池管理器的具体功能如下。

1）动力电池参数检测：包括总电压、总电流、单体电池电压检测（防止出现过充、过放甚至反极现象）、温度检测（最好每串电池、关键电缆插头等均有温度传感器）、烟雾探测（监测电解液泄漏等）、绝缘检测（监测漏电）、碰撞检测等。

2）动力电池状态估计：包括荷电状态（SOC）或放电深度（DOD）、健康状态（SOH）、功能状态（SOF）、能量状态（SOE）、故障及安全状态（SOS）等。

3）在线故障诊断：包括故障检测、故障类型判断、故障定位、故障信息输出等。故障检测是指通过采集到的传感器信号，采用诊断算法诊断故障类型，并进行早期预警。动力电池故障是指动力电池自身、高压电回路、热管理等各个子系统的传感器故障，执行器故障（如接触器、风扇、泵、加热器等），以及网络故障、各种控制器软硬件故障等。动力电池本身故障是指过电压（过充电）、欠电压（过放电）、过电流、超高温、内短路故障、插头松动、电解液泄漏、绝缘能力降低等。

4）动力电池安全控制与报警：包括热系统控制、高压电安全控制。BMS 诊断到故障后，通过网络通知整车控制器，并要求整车控制器进行有效处理（超过一定阈值时 BMS 也可以切断主回路电源），以防止高温、低温、过充电、过放电、过电流、漏电等造成对电池和人身的损害。

5）充电控制：BMS 中具有一个充电管理模块，它能够根据电池的特性、温度高低以及充电机的功率等级控制充电机给电池安全充电。

6）动力电池容量均衡：通过控制模块将电芯容量调节到一个目标值，控制模块检测电芯电压信息，并根据信息打开均衡开关，形成一个放电回路，减小高电压电芯充电电流，直到将其电压降低到与其他单体电池相同水平。电量均衡功能示意图如图 3-1-2 所示。

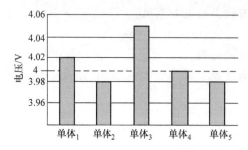
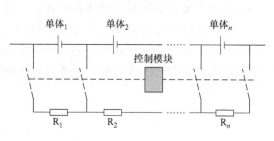

图 3-1-2　电量均衡功能示意图

7）热管理：根据电池组内温度分布信息及充放电需求，决定主动加热/散热的强度，使得电池尽可能工作在最适合的温度，充分发挥电池的性能。

8）网络通信：BMS需要与整车控制器等网络节点通信；同时，BMS在车辆上拆卸不方便，需要在不拆壳的情况下进行在线标定、监控、自动代码生成和在线程序下载（程序更新而不拆卸产品）等，一般的车载网络均采用CAN总线技术。

9）信息存储：用于存储关键数据，如SOC、SOH、SOF、SOE、累积充放电A·h数、故障码和一致性等。车辆中的真实BMS可能只有上面提到的部分硬件和软件。每个电池单体至少应有一个电池电压传感器和一个温度传感器。对于具有几十个电池单体的动力电池系统，可能只有一个电池管理器，或者将BMS功能集成到车辆的主控制器中。对于具有数百个电池单体的动力电池系统，可能有一个主控制器和多个仅管理一个电池模组的从属控制器。每个具有数十个电池单体的电池模组，可能存在一些模组电路接触器和平衡模块，并且从控制器像测量电压和电流一样管理电池模组，控制接触器，均衡电池单体并与主控制器通信。根据所报告的数据，主控制器将执行电池状态估计、故障诊断、热管理等。

10）电磁兼容：由于电动汽车使用环境恶劣，要求BMS具有好的抗电磁干扰能力，同时要求BMS对外辐射小。

常见的动力电池管理系统功能及功能关系图如图3-1-3所示。

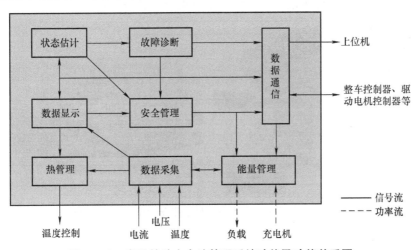

图3-1-3 常见的动力电池管理系统功能及功能关系图

3.1.2 电池管理器结构与原理

电池管理器的基本组成如图3-1-4所示，它主要由检测模块、均衡电源模块和控制模块三部分组成。

1）检测模块。检测模块能够对电池模组中各单体电池的电压、电流、温度等关键状态参数进行准确和实时的检测，并通过SPI总线上报给控制模块。

2）均衡电源模块。均衡电源模块能够平衡单体电池间的电压差异，解决电池模组"短板效应"。

3）控制模块。控制模块能够根据既定策略完成控制功能，实现SOC估计，同时将电池状态数据通过CAN总线发送给整车其他的电子单元。

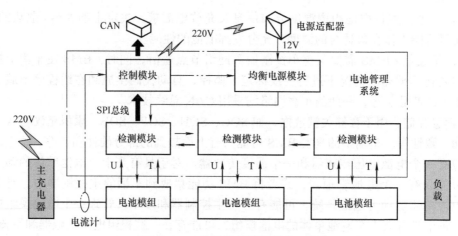

图 3-1-4　电池管理器的基本组成

3.1.3　电池管理器应用

1. 比亚迪 e2

比亚迪 e2 电池管理器位于前舱空调液冷壶支架上，位置如图 3-1-5 所示。

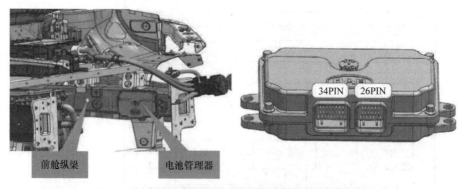

图 3-1-5　比亚迪 e2 电池管理器在车上的位置及外观

2. 2018 年款比亚迪 e5

2018 年款比亚迪 e5 分布式电池管理系统由 1 个电池管理器（BMC）和 12/13 个电池信息采集器（BIC）及 1 套动力电池采样线组成。电池信息采集器（电压采样插接器、温度采样插接器、通信端口插接器）、动力电池采样线束如图 3-1-6 所示。

动力电池管理器位于高压电控单元后部，如图 3-1-7 所示。

动力电池管理器的主要功能有充放电管理、接触器控制、功率控制、动力电池异常状态报警和保护、SOC/SOH 计算、自检以及通信等。动力电池信息采集器的主要功能有动力电池电压采样、温度采样、动力电池均衡、采样线异常检测等。动力电池采样线的主要功能是连接动力电池管理器和动力电池信息采集器，实现二者之间的信息交换，如图 3-1-8 所示。

3. 2019 年款比亚迪 e5

2019 年款比亚迪 e5 电池管理器安装位置如图 3-1-9 所示。

项目3 电池管理器结构原理与维修

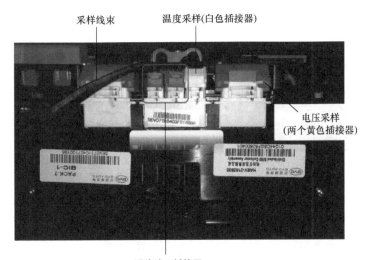

图 3-1-6 电池信息采集器、动力电池采样线束

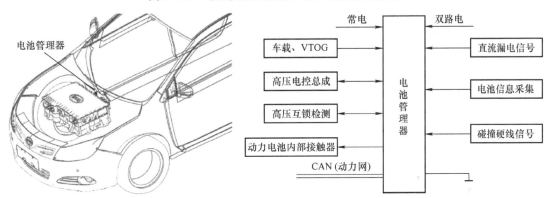

图 3-1-7 动力电池管理器（BMC）安装位置　　图 3-1-8 电池管理系统原理图

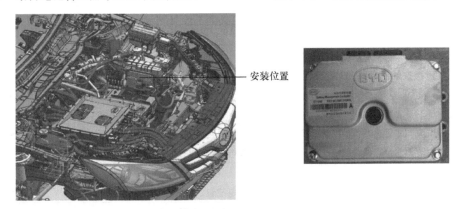

图 3-1-9 2019 年款比亚迪 e5 电池管理器安装位置

2019 年款比亚迪 e5 电池管理器安装在前舱低压蓄电池旁，其上共有两个低压插接器 BK45（A）、BK45（B），如图 3-1-10 所示。

电池管理器 BK45（A）插接器是一个 34PIN 插接器，其上一共接有 21 根信号线。电池管理器 A 插接器端子定义见表 3-1-1。

85

BK45(A) 插接器　　　　　　BK45(B) 插接器

图 3-1-10　比亚迪 e5 电池管理器内 2 个低压插接器

表 3-1-1　电池管理器 BK45（A）插接器端子定义

端子号	端子名称	线束接法	信号类型
1	电池子网 CAN-H	接触电池包 33PIN-10	CAN 信号
2	电池子网 CAN 屏蔽地	接触电池包 33PIN-5	搭铁
3	BMS 通信转换模块电源 +12V	接触电池包 33PIN-11	电压
4	NC（未使用端口）		
5	NC		
6	直流充电唤醒信号	接直流充电接口 12PIN-2	电平信号
7	预充接触器电源 +12V/ 主接触器电源 +12V	接电池包 33PIN-20	电压
		接电池包 33PIN-18	电压
8	充电仪表指示灯信号	仪表板	电平信号
9	分压接触器控制信号	接电池包 33PIN-27	电平信号
10	电池子网 CAN-L	接电池包 33PIN-4	CAN 信号
11	通信转换模块电源 GND	接电池包 33PIN-16	搭铁
12	NC		
13	NC		
14	NC		
15	直流充电正、负极接触器电源 +12V	接充配电总成 33PIN-8	电压
16	负极接触器电源 +12V/ 分压接触器电源 +12V	接电池包 33PIN-6	电压
		接电池包 33PIN-21	电压
17	NC		
18	电流霍尔传感器负极电源 -15V	接电池包 33PIN-25	电压
19	电流霍尔传感器屏蔽地	接电池包 33PIN-23	搭铁
20	NC		
21	预充接触器控制信号	接电池包 33PIN-28	电平信号
22	主接触器控制信号	接电池包 33PIN-19	电平信号
23	NC		
24	直流充电负极接触器控制信号	接充配电总成 33PIN-10	电平信号
25	NC		
26	直流霍尔信号	接电池包 33PIN-22	模拟信号

（续）

端子号	端子名称	线束接法	信号类型
27	电流霍尔传感器正极电源 +15V	接电池包 33PIN-24	电压
28	常电	整车低压线束	电压
29	负极接触器控制信号	接电池包 33PIN-13	电平信号
30	NC		
31	NC		
32	NC		
33	直流充电正极接触器控制信号	接充配电总成 33PIN-9	电平信号
34	NC		

电池管理器 BK45（B）插接器是一个 26PIN 插接器，其上一共接有 23 根信号线。电池管理器插接器 B 端子定义见表 3-1-2。

表 3-1-2　电池管理器 BK45（B）插接器端子定义

端子号	端子名称	线束接法	信号类型
1	12V 常电	整车低压线束	电压
2	车身搭铁	整车低压线束	搭铁
3	碰撞信号	接碰撞 ECU	PWM 信号
4	PWM 输出 1	接电池包 33PIN-30	PWM 信号
5	PWM 输入 1	接充配电总成 33PIN-13	PWM 信号
6	直流充电接口温度传感器 GND2	接直流充电接口 12PIN-10	搭铁
7	直流充电接触器烧结检测信号	接充配电总成 33PIN-11	电平信号
8	$12V_{DC}$	整车低压线束	电压
9	动力网 CAN 终端电阻并入 1	BMC02-14	CAN 信号
10	PWM 输出 2	接充配电总成 33PIN-14	PWM 信号
11	PWM 输入 2	接充配电总成 33PIN-15	PWM 信号
12	直流充电接口温度传感器 GND1	接直流充电接口 12PIN-8	搭铁
13	直流充电接口温度信号 2	接直流充电接口 12PIN-9	模拟信号
14	动力网 CAN 终端电阻并入 2	BMC02-09	CAN 信号
15	快充电信号	接直流充电接口 12PIN-3	模拟信号
16	动力网 CAN-H	整车低压线束动力网	CAN 信号
17	动力网 CAN-L	整车低压线束动力网	CAN 信号
18	NC		
19	直流充电接口温度信号 1	接直流充电接口 12PIN-7	模拟信号
20	车载充电感应信号	接充配电总成 33PIN-6	模拟信号
21	车身搭铁	整车低压线束	搭铁
22	NC		
23	整车 CAN 屏蔽地	整车低压线束	搭铁
24	直流充电子网 CAN-H	接直流充电接口 12PIN-5	CAN 信号
25	直流充电子网 CAN-L	接直流充电接口 12PIN-4	CAN 信号
26	NC		

4. 比亚迪全新宋 DM 电池管理系统

比亚迪全新宋 DM 电池管理系统由 4 个 BIC，1 个 BMS 通信转化模块和 1 个 BMC 组成。其中，BIC 和 BMS 通信转化模块位于动力电池内部，如图 3-1-11 所示。

图 3-1-11 （比亚迪全新宋 DM）BIC 和 BMS 通信转化模块安装位置

BMC 安装位置一般安装在驾驶员座椅底下如图 3-1-12 所示。BMC 的主要功能是总电压监测、总电流监测、SOC 计算、充放电管理、接触器控制、功率控制、电池异常状态报警和保护、漏电报警、碰撞保护、自检以及通信功能等，原理框图如图 3-1-13 所示。

图 3-1-12 （比亚迪全新宋 DM）BMC 安装位置

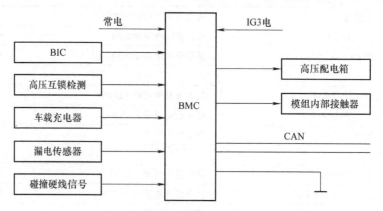

图 3-1-13 （比亚迪全新宋 DM）BMC 原理框图

项目3 电池管理器结构原理与维修

5. 丰田混合动力车型电机控制器（普锐斯、凯美瑞、卡罗拉双擎等）

丰田混合动力车型的动力电池管理器（丰田技术资料中称之为蓄电池智能单元），安装在动力电池模组上，如图 3-1-14 所示。动力电池管理器功能框图如图 3-1-15 所示。

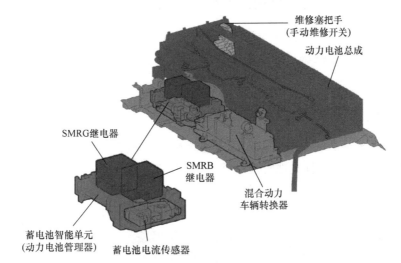

图 3-1-14　丰田混合动力车型动力电池管理器安装位置

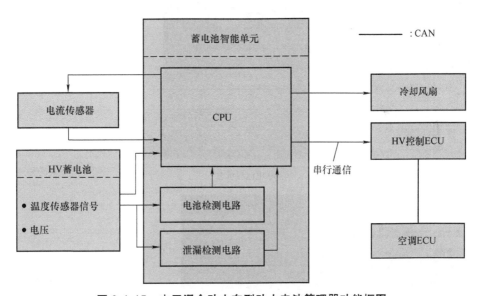

图 3-1-15　丰田混合动力车型动力电池管理器功能框图

蓄电池智能单元功能如下：

① 蓄电池智能单元监视用于确定由混合动力车辆控制 ECU 计算出的充电或放电值的动力蓄电池状态信号（电压、电流和温度）并通过串行通信将其传送到混合动力车辆控制 ECU。

② 蓄电池智能单元采用泄漏检测电路来检测动力蓄电池的任何泄漏情况。

③ 蓄电池智能单元监视用于混合动力车辆控制 ECU 以控制冷却风扇的电压，并通过串行通信将其传送到混合动力车辆控制 ECU。

3.2 电池管理器一般检查★

3.2.1 动力电池管理系统故障码读取与清除

动力电池管理系统故障码读取与清除步骤：连接诊断仪→选择车型→选择诊断项目→选择控制单元→选择动力模块→选择电池管理系统→（功能菜单里）选择读取故障码→选择清理数据。

3.2.2 动力电池管理系统数据流读取

动力电池管理系统数据流读取步骤：连接诊断仪→选择车型→选择诊断项目→选择控制单元→选择动力模块→选择电池管理系统→（功能菜单里）选择读取数据流。

电池管理器数据流包含电池组状态、使用情况、充放电状态，这些功能对分析车辆故障有很大的帮助。动力电池管理系统数据流及说明如图 3-2-1 所示。

数据项	数据值		最小值	最大值
满电次数	0	次	0	65535
SOC	50	%	0	100
电池组当前总电压	651	V	0	1000
电池组当前总电流	1.4	A	-500	1000
最大允许充电功率	84.6	kw	0	500
充电次数	0			
单次充电电量	0.0	AH	0	500
单次放电容量	0.0	AH		
最大允许放电功率	162.7	kw	0	500
累计充电电量	0	AH		
累计放电电量	0	AH		
累计充电电能	0	kwh		
累计放电电能	0	kwh		
历史顶端压差	0	mV	0	5000
历史底端压差	0	mv	0	5000

a) 电池组状态

数据项	数据值		最小值	最大值
绝缘阻值	7776	KΩ		
放电是否允许	允许			
充电是否允许	不允许			
充电感应信号-交流	无			
充电感应信号-直流	无			
预充状态	预充完成			
主接触器状态	吸合			
负极接触器状态	吸合			
预充接触器状态	断开			
充电接触器状态	断开			
正极接触器状态	吸合			
分压接触器1状态	吸合			
分压接触器2状态	吸合			
高压互锁1	未锁止			

b) 电池使用情况

图 3-2-1 动力电池管理系统数据流及说明

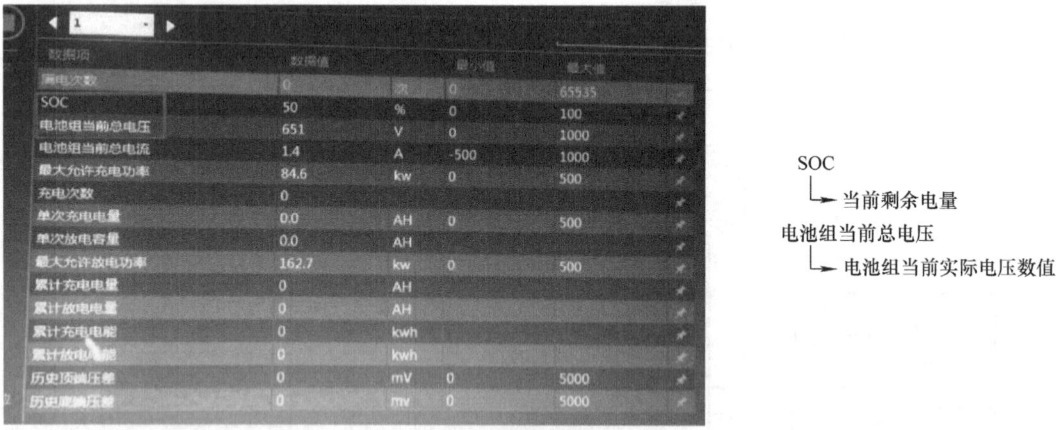

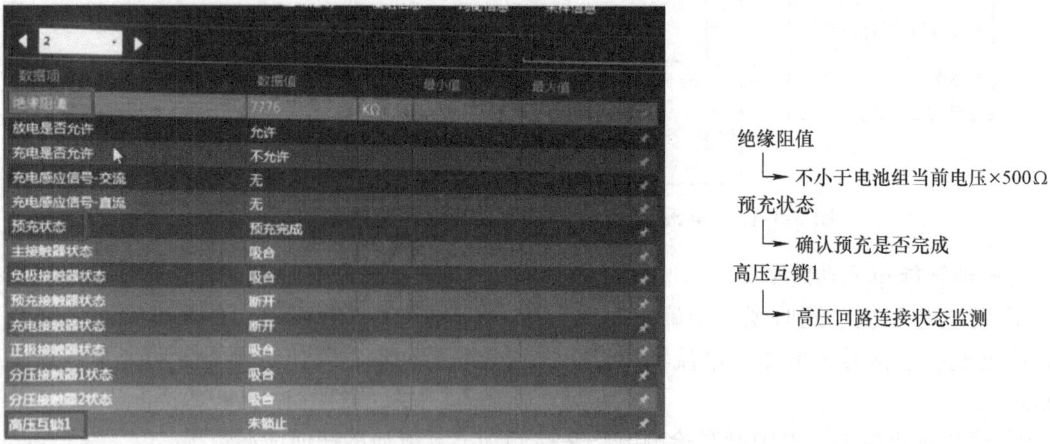

c）充放电状态

图 3-2-1　动力电池管理系统数据流及说明（续）

3.2.3　动力电池管理器（外装式）外观检查

1）检查电源管理器各端子插头是否松动，必要时重新拔插，检查外部连线是否损坏，必要时更换。

2）检查采集线插头是否松动，必要时重新拔插，检查外部线束是否损坏，必要时更换。

3.2.4　动力电池管理系统电路图查询

1. 2019 年款比亚迪 e5

2019 年款比亚迪 e5 电池管理器电路图如图 3-2-2 所示。2019 年款比亚迪 e5 电池管理器上共有两个低压插接器 BK45（A）、BK45（B），其端子定义见表 3-1-1 和表 3-1-2。

2. 2017、2018 年款比亚迪 e5

2017、2018 年款比亚迪 e5 电池管理器电路图如图 3-2-3 所示。

3. 吉利帝豪 EV450

吉利帝豪 EV450 电池管理器（BMS 模块）电路图如图 3-2-4 所示。

4. 比亚迪 e2

比亚迪 e2 电池管理器电路图如图 3-2-5 所示，BMC01 端子定义及信号标准见表 3-2-1，BMC02 端子定义及信号标准见表 3-2-2。

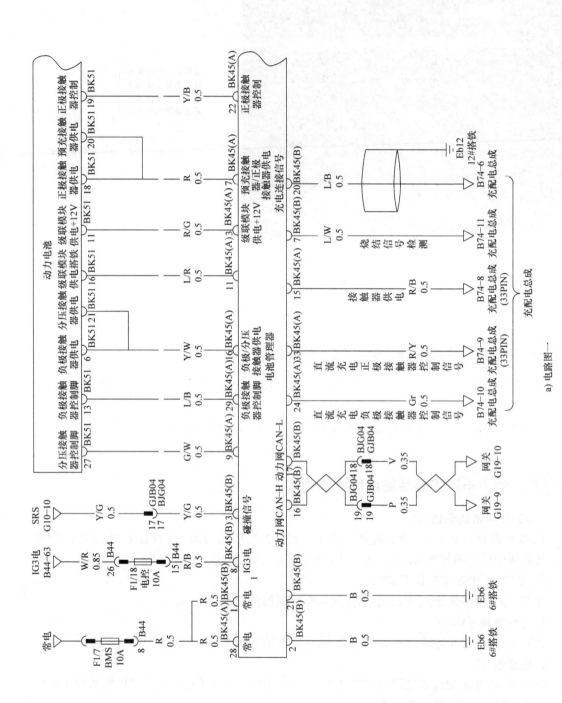

a) 电路图一

项目 3　电池管理器结构原理与维修

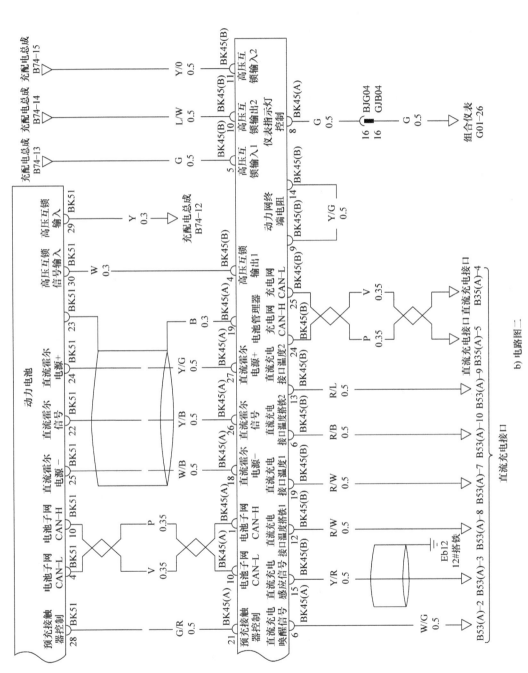

图 3-2-2　2019 年款比亚迪 e5 电池管理器电路图
b) 电路图二

表 3-2-1　比亚迪 e2 电池管理器 BMC01 端子定义及信号标准

端子号	端子名称	端子定义	线束接法	信号类型	稳态工作电流	冲击电流和堵转电流	电源性质比如常电
1	电池子网 CAN-H	电池子网 CAN-H	接电池包 33PIN-D10	CAN	≤ 1A		
2	电池子网 CAN 屏蔽地	电池子网 CAN 屏蔽地	接电池包 33PIN-D05	搭铁	≤ 1A		
3	通信转换模块供电 +12V	通信转换模块供电 +12V	接电池包 33PIN-D11	电压	1.5A		
4	NC	NC		NG			
5	NC	NC		NG			
6	直流充电唤醒信号	直流充电唤醒信号输入	直流充电接口 12PIN-02	电平	≤ 1A		
7	预充/正极接触器电源	预充接触器电源	接电池包 33PIN-D20	电压	≤ 1A	1.8A	双电路
7	预充/正极接触器电源	正极接触器电源	接电池包 33PIN-D18	电压	≤ 1A	1.8A	双电路
8	充电仪表指示灯信号	充电仪表指示灯信号	仪表板	电平	≤ 1A		
9	NC	NC					
10	电池子网 CAN-L	电池子网 CAN-L	接电池包 33PIN-D04	CAN	≤ 1A		
11	通信转换模块供电 GND	通信转换模块供电 GND	接电池包 33PIN-D16	接地	1.5A		
12	NC	NC					
13	NC	NC					
14	NC	NC					
15	接触器供电 12V	接触器供电 12V	接充配电总成 33PIN-8	电压	≤ 1A	1.8 A	双电路
16	负极接触器电源 12V	负极接触器供电	接电池包 33PIN-D06	电压	≤ 1A	1.8 A	双电路
17	NC	NC					
18	直流霍尔电源 -15V	直流霍尔电源 -15V	接电池包 33PIN-D25	电压	≤ 1A		
19	霍尔传感器屏蔽地	霍尔传感器屏蔽地	接电池包 33PIN-D23	搭铁	≤ 1A		
20	NC	NC					

项目3 电池管理器结构原理与维修

（续）

端子号	端子名称	端子定义	线束接法	信号类型	稳态工作电流	冲击电流和堵转电流	电源性质比如常电
21	预充接触器控制	预充接触器控制	接电池包 33PIN-D28	电平	≤1A	1.8 A	
22	正极接触器控制	正极接触器控制	接电池包 33PIN-D19	电平	≤1A	1.8 A	
23	NC	NC					
24	直流充电负极接触器控制信号	直流充电负极接触器控制信号	接充配电总成 33PIN-10	电平	≤1A	1.8 A	
25	NC	NC					
26	直流霍尔输出信号	直流霍尔输出信号	接电池包 33PIN-D22	模拟	≤1A		
27	直流霍尔电源+15V	直流霍尔电源+15V	接电池包 33PIN-D24	电压	≤1A		
28	常电12V	常电12V	接整车低压线束	电压	2A		
29	负极接触器控制	负极接触器控制	接电池包 33PIN-D13	电平		1.8 A	
30	NC	NC					
31	NC	NC					
32	NC	NC			<1A		
33	直流充电正极接触器控制信号	直流充电正极接触器控制信号	接充配电总成 33PIN-9	电平			
34	NC	NC	接充配电总成 33PIN-10	NG			

表3-2-2 比亚迪e2电池管理器BMC02端子定义及信号标准

端子号	端子名称	端子定义	线束接法	信号类型	稳态工作电流	冲击电流和堵转电流	电源性质比如常电
1	12V常电	12V常电	整车低压线束	电压	4A		常电
2	车身搭铁	车身搭铁	整车低压线束	搭铁	4A	15 A	
3	碰撞信号	碰撞信号	接后碰撞ECU	PWM	≤1A		
4	高压互锁输出1	高压互锁输出1	接电池包 33PIN-30	PWM	≤1A		
5	高压互锁输入1	高压互锁输入1	接充配电总成 33PIN-13	PWM	≤1A		

（续）

端子号	端子名称	端子定义	线束接法	信号类型	稳态工作电流	冲击电流和堵转电流	电源性质比如常电
6	直流充电接口温度搭铁2	直流充电接口温度搭铁2	接直流充电接口12PIN-10	搭铁	≤1A		
7	NC	NC			4A	1.8A	
8	DC供电电源正	DC供电电源正	整车低压线束	电压	4A	15A	双电路
9	动力网CAN终端电阻并入1	CAN终端电阻并入1	BMC02-14	CAN	≤1A		
10	高压互锁输出2	高压互锁输出2	接交流充电接口-9	PWM	≤1A		
11	高压互锁输入2	高压互锁输入2	接交流充电接口-10	PWM	≤1A		
12	直流充电接口温度搭铁1	直流充电接口温度搭铁1	接直流充电接口12PIN-8	GNID	≤1A		
13	直流充电接口温度2	直流充电接口温度2	接直流充电接口12PIN-9	模拟	≤1A		
14	动力网CAN终端电阻并入2	CAN终端电阻并入2	BMC02-09	CAN	≤1A		
15	直流充电感应信号	直流充电感应信号	接直流充电接口12PIN-3	电平	≤1A		
16	整车CAN-H	整车CAN-H	整车低压线束动力网	CAN	≤1A		
17	整车CAN-L	整车CAN-L	整车低压线束动力网	CAN	≤1A		
18	NC	NC		NC			
19	直流充电接口温度1	直流充电接口温度1	接直流充电接口12PIN-7	模拟	≤1A		
20	车载充电感应信号	车载充电感应信号	接充配电成33PIN-6	电平	≤1A		
21	车身搭铁	车身搭铁	整车低压线束	搭铁	≤1A	15A	
22	NC	NC			≤1A		
23	整车CAN屏蔽搭铁	整车CAN屏蔽搭铁	整车低压线	搭铁	≤1A		
24	直流充电接口CAN-L	直流充电接口CAN-L	接直流充电接口12PIN-5	CAN	≤1A		
25	直流充电接口CAN-L	直流充电接口CAN-L	接直流充电接口12PIN-4	CAN	≤1A		
26	NC	NC					

项目 3 电池管理器结构原理与维修

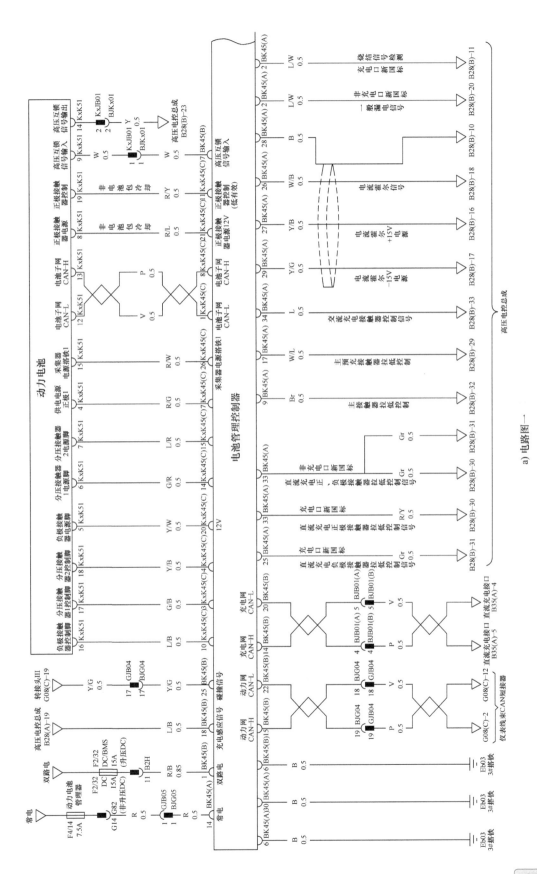

图 3-2-3 2017、2018 年款比亚迪 e5 电池管理器电路图
a) 电路图一

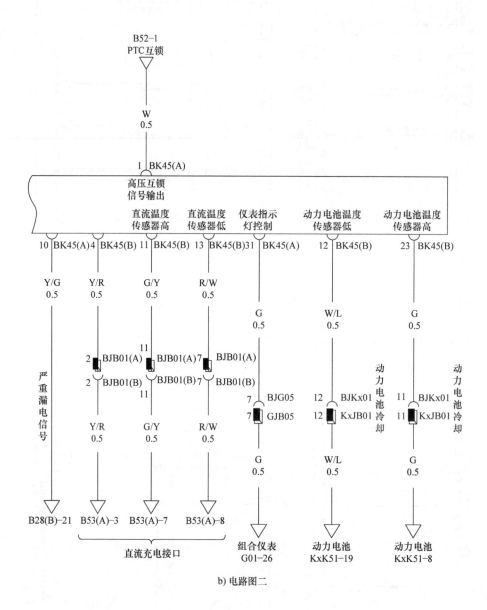

b) 电路图二

图 3-2-3 2017、2018 年款比亚迪 e5 电池管理器电路图（续）

项目 3　电池管理器结构原理与维修

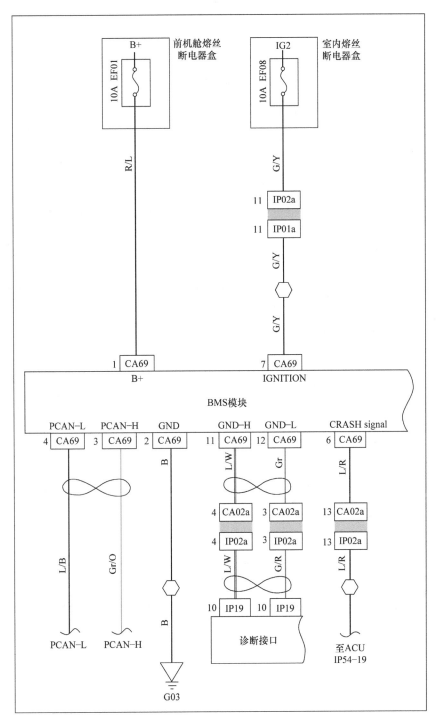

a) 电路图一

图 3-2-4　吉利帝豪 EV450 电池管理器（BMS 模块）电路图

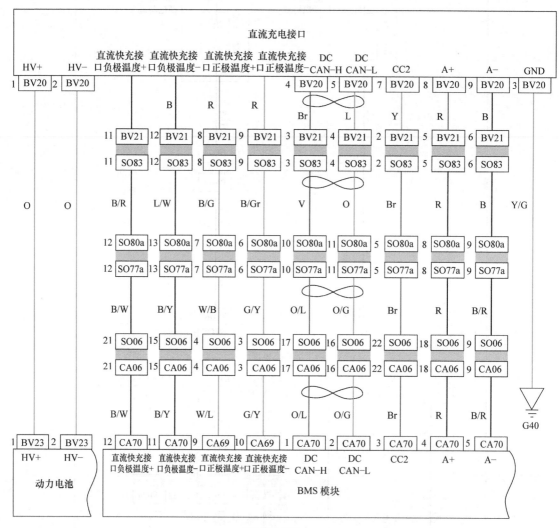

b) 电路图二

图 3-2-4　吉利帝豪 EV450 电池管理器（BMS 模块）电路图（续）

项目 3　电池管理器结构原理与维修

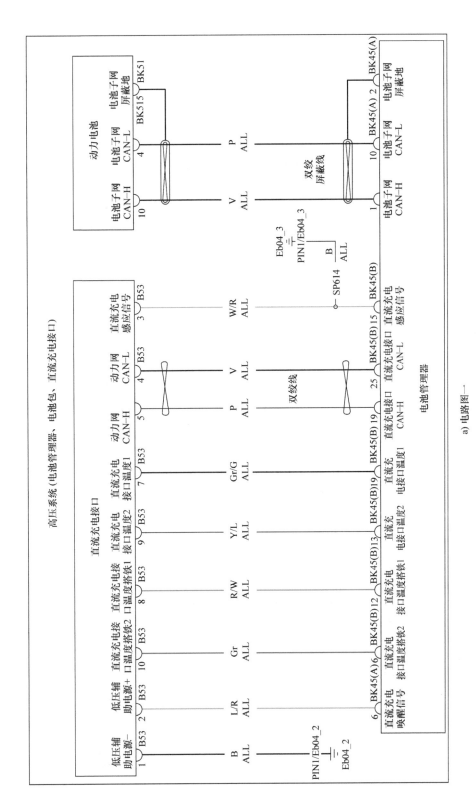

a) 电路图一

图 3-2-5　比亚迪 e2 电池管理器电路图

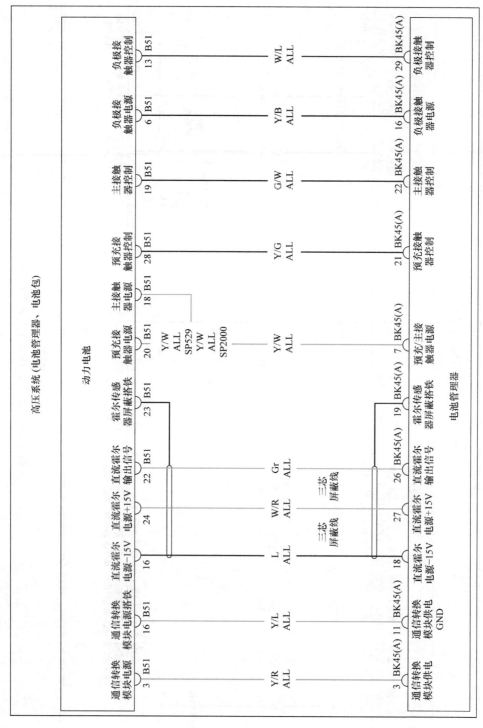

b) 电路图二

项目 3 电池管理器结构原理与维修

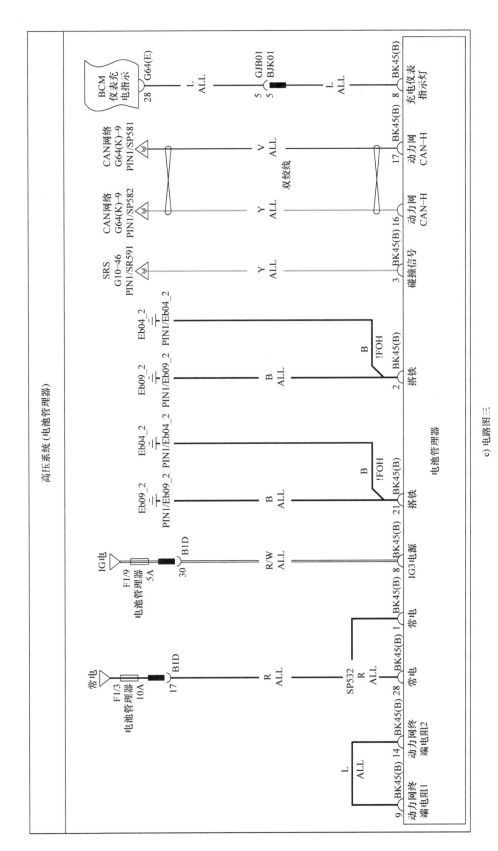

c）电路图三

图 3-2-5 比亚迪 e2 电池管理器电路图（续）

3.3 电池管理器检测★★

3.3.1 电池管理器各端子电压检查

比亚迪 e5 电池管理器电压检查。用万用表或示波器测量插接器各端子与搭铁之间的信号，应满足表 3-3-1 的要求。

表 3-3-1　比亚迪 e5 电池管理器插接器各端子信号标准

连接端子	端子描述	线色	条件	正常值
BMC01				
1-GND	高压互锁输出信号	W	ON 档 /OK 档 / 充电	PWM 脉冲信号
2-GND	一般漏电信号	L/W	一般漏电	小于 1V
6-GND	整车低压搭铁	B	始终	小于 1V
9-GND	主接触器拉低控制信号	Br	整车上高压电	小于 1V
10-GND	严重漏电信号	Y/G	严重漏电	小于 1V
14-GND	12V 蓄电池正	G/R	始终	9~16V
17-GND	预充接触器拉低控制信号	W/L	预充过程中	小于 1V
26-GND	直流霍尔信号	W/B	电源 ON 档	0~4.2V
27-GND	电流霍尔 +15V	Y/B		9~16V
28-GND	直流霍尔屏蔽搭铁	Y/G		
29-GND	电流霍尔 −15V	R/G	ON 档 /OK 档 / 充电	−16~−9V
30-GND	整车低压搭铁	B	始终	小于 1V
31-GND	仪表充电指示灯信号	G	充电时	
33-GND	直流充电正负极接触器拉低控制信号	Gr		小于 1V
34-GND	交流充电接触器控制信号	G/W	始终	小于 1V
BMC02				
1-GND	DC12V 电源正	R/B	ON 档 /OK 档 / 充电	11~14V
4-GND	直流充电感应信号	Y/R	充电时	CC2
6-GND	整车低压搭铁	B	始终	
7-GND	高压互锁输入信号	W	ON 档 /OK 档 / 充电	PWM 脉冲信号
11-GND	直流温度传感器高	G/R	ON 档 /OK 档 / 充电	2.5~3.5V
13-GND	直流温度传感器低	R/W		
14-GND	直流充电接口 CAN2-H	P		
15-GND	整车 CAN1-H	P	ON 档 /OK 档 / 充电	1.5~2.5V
16-GND	整车 CAN 屏蔽搭铁			
18-GND	VTOG/ 车载充电感应信号	L/B	充电时	小于 1V
20-GND	直流充电接口 CAN2-L	V	直流充电时	
21-GND	直流充电接口 CAN 屏蔽搭铁		始终	小于 1V
22-GND	整车 CAN-H	V	ON 档 /OK 档 / 充电	1.5~2.5V
25-GND	碰撞信号	Y/G	起动	约 −1.5V

（续）

连接端子	端子描述	线色	条件	正常值
BMC03				
1-GND	采集器 CAN-L	V	ON 档 /OK 档 / 充电	1.5~2.5V
2-GND	采集器 CAN 屏蔽搭铁		始终	小于 1V
3-GND	1# 分压接触器拉低控制信号	G/B		小于 1V
4-GND	2# 分压接触器拉低控制信号	Y/B		小于 1V
7-GND	BIC 供电电源正	R/L	ON 档 /OK 档 / 充电	9~16V
8-GND	采集器 CAN-H	P	ON 档 /OK 档 / 充电	2.5~3.5V
10-GND	负极接触器拉低控制信号	L/B	接触器吸合时	小于 1V
11-GND	正接触器拉低控制信号	R/G	接触器吸合时	小于 1V
14-GND	1# 分压接触器 12V 电源	G/R	ON 档 /OK 档 / 充电	9~16V
15-GND	2# 分压接触器 12V 电源	L/R	ON 档 /OK 档 / 充电	9~16V
20-GND	负极接触器 12V 电源	Y/W	ON 档 /OK 档 / 充电	9~16V
21-GND	正极接触器 12V 电源	R/W	ON 档 /OK 档 / 充电	9~16V
26-GND	采集器电源搭铁	R/Y	ON 档 /OK 档 / 充电	

3.3.2 电池管理器线束及插接器的检查及更换

（1）检查

检查电池管理器线束及插接器是否对插到位，有无松动、破损、腐蚀。检查插接器是否有退针、弯曲等现象。

（2）更换

比亚迪电池管理器线束插接器的更换步骤如下：

① 将车辆退电至 OFF 档，等待 5min。

② 打开前舱盖，拔掉电池管理器上连接的动力电池采样线和整车低压线束的插接器，拔掉整车低压线束在电池管理器支架上的固定卡扣。

③ 用 10 号套筒拆卸电池管理器的 3 个固定螺母。

④ 拆下电池管理器，插上新的动力电池采样线和整车低压线束的插接器，确认。

⑤ 用 10 号套筒拧紧电池管理器的 3 个固定螺母。

⑥ 整车通电再次确认无问题后更换结束。

3.3.3 电池管理器更换

1）外装式电池管理器更换（代表车型比亚迪 e5），步骤如图 3-3-1 所示。

2）内装式电池管理器更换（代表车型吉利 EV450/EV500），项目二中的 2.3.7 小节。

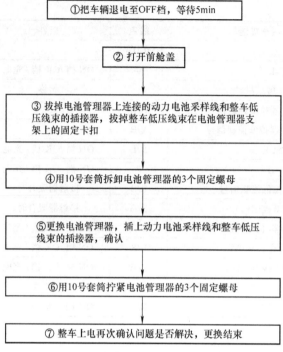

图 3-3-1　外装式电池管理器更换步骤

3.4　电池管理器故障诊断★★★

电池管理系统故障排查流程如图 3-4-1 所示。

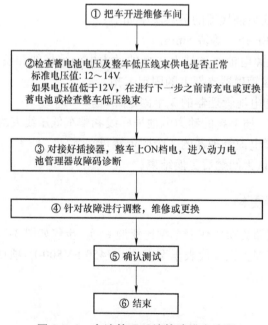

图 3-4-1　电池管理系统故障排查流程

3.4.1 电池管理器线束、端子引发的故障诊断

由电池管理器线束、端子引发故障的故障码及解析见表 3-4-1。

表 3-4-1 电池管理器线束、端子引发的故障（比亚迪 e5）

故障可能部位	故障码	描述
电池管理器线束、端子	P1A3D00	负极接触器回检故障
	P1A3E00	主接触器回检故障
	P1A3F00	预充接触器回检故障
	P1A4000	充电接触器回检故障

3.4.2 电池管理器自发故障诊断

由电池管理器本身原因造成故障的故障码及解析见表 3-4-2。

表 3-4-2 电池管理器自发故障诊断（比亚迪 e5）

故障可能部位	故障码	描述
电池管理器	P1A4300	电池管理器 +15V 供电过高故障
	P1A4400	电池管理器 +15V 供电过低故障
	P1A4500	电池管理器 -15V 供电过高故障
	P1A4600	电池管理器 -15V 供电过低故障
	P1A4700	交流充电感应信号断线故障
	P1A4900	高压互锁自检故障
	P1A4A00	高压互锁一直检测为高信号故障
	P1A4B00	高压互锁一直检测为低信号故障
	P1A4C00	漏电传感器失效故障
	P1A5500	电池管理系统初始化错误
	P1A5600	电池管理系统自检故障
	P1A6000	高压互锁故障

① 电池管理器内部故障可能使采集到的动力电池的单体电池电压、总电压失真，导致车辆无法正常使用。

② 电池管理器内部故障可能使采集到的动力电池的单体电池温度失真，导致车辆无法正常使用。

③ 电池管理器内部采集模块故障或外部自身交换的 CAN 数据异常，导致信息反馈到 BMS 进行处理时出现异常。

3.4.3 电池管理器数据异常故障诊断

比亚迪 e2 电池管理器数据异常故障诊断见表 3-4-3。

表 3-4-3 电池管理器数据异常故障诊断

故障模式	故障表现	处理方法
电压数据异常	出现总电压采样过高或过低时，车辆动力会自动切断，仪表板中的动力电池故障警告灯亮	① 用 VDS2000 读取电池管理器数据流，采集到总电压大小 ② 更换配件后试车是否正常 ③ 更换配件后故障无法消除，转到动力电池维修
	出现单体电池电压采样过低时，车辆 SOC 进行修正（2.5V 时 SOC 修正为 0），车辆动力会自动切断，仪表板中的动力电池故障警告灯亮	① 用 VDS2000 读取电池管理器数据流，采集到单体电池最低电压大小 ② 更换配件后试车是否正常 ③ 更换配件后故障无法消除，进行动力电池维修
	出现单体电池电压采样过高时（4.29V，视不同条件而定），车辆动力会自动切断，仪表盘中的动力电池故障灯亮	① 用 VDS2000 读取电池管理器数据流，采集到单体电池最高电压大小 ② 更换配件后试车是否正常 ③ 更换配件后故障无法消除，进行动力电池维修
温度数据异常	出现温度采样异常严重时，车辆动力会自动切断，仪表板中的动力电池过热警告灯亮	① 用 VDS2000 读取电池管理器数据流，采集到单体电池温度大小 ② 更换电池管理器配件，试车后是否正常 ③ 更换配件后故障无法消除，进行动力电池过温维修

3.4.4 电池管理器采样信号异常故障诊断

比亚迪 e2 电池管理器采样信号异常故障诊断见表 3-4-4。

表 3-4-4 电池管理器采样信号异常故障诊断

故障模式	故障表现	处理方法
电池管理器信号异常故障诊断（漏电检测信号、碰撞信号、动力电池电流信号等）	电池管理器内部采集模块故障或外部自身交换的 CAN 数据异常，导致信息反馈到 BMS 进行处理时出现异常	① 检查并更换有问题的采样信号线 ② 更换电池管理器

3.4.5 电池管理器通信故障诊断

吉利帝豪 EV450 电池管理器模块电路简图如图 3-4-2 所示。电池管理器通信故障诊断流程图如图 3-4-3 所示。

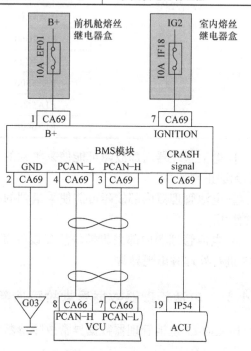

图 3-4-2 吉利帝豪 EV450 电池管理器模块电路简图

项目 3　电池管理器结构原理与维修

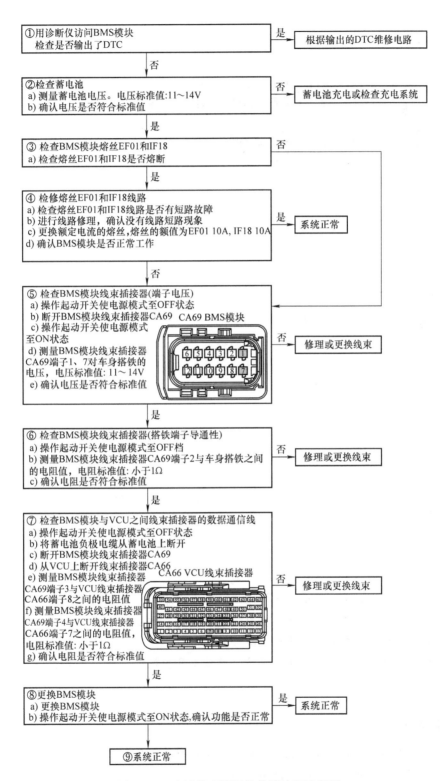

图 3-4-3　电池管理器通信故障诊断流程图

项目 4

车载充电系统结构原理与维修

【知识目标】

（1）能够叙述新能源汽车充电策略和方式。
（2）能够叙述新能源汽车车载充电机的分类。
（3）能够归纳整理或查询车辆充电接口标准信息。
（4）能够归纳整理或查询常见车型充电系统参数、部件安装位置及车载充电系统电路图和端子信息。

【技能目标】

（1）能够正确进行车载充电系统检查保养（包括充电接口检查、充电接口绝缘阻值检查、充电机外观/电缆/插接器的检查、充电枪检查）。
（2）能够正确进行快慢充电接口的更换作业。
（3）能够正确进行高压接线盒导通性检查作业。
（4）能够正确进行车载充电机更换作业。
（5）能够正确进行车载充电系统故障码读取和清除作业。
（6）能够正确进行车载充电系统数据流读取和清除作业。
（7）能够正确进行车载充电系统故障诊断。
（8）作业结束后能够正确收集、清洁、整理工具和耗材，对工位进行7S操作。

【素养目标】

（1）遵守工作场所的法律法规和政策，拥有较高的安全意识。
（2）在需要的时候协助他人并提供帮助。
（3）能够合理地分析和解决完成任务时出现的问题。
（4）理解和阅读工作文件，报告书写清晰简洁。

4.1 车载充电系统结构与原理

4.1.1 车载充电系统概述

车载充电系统是利用安装在电动汽车上的充电机根据电池管理系统（BMS）提供的数据动态调节充电电流或电压参数，执行相应的动作，完成为动力电池安全、自动充满电过程的系统。

1. 电动汽车充电方式

电动汽车充电方式有定流充电和定压充电两种。

① 定流充电是指充电全过程中，保持充电电流基本恒定的充电方式。在充电过程中，因为充电电流随着电池组的电动势逐渐升高而下降，所以需要随时根据充电程度调整电压和分级调整定流电流。

② 定压充电是指充电过程中，电源电压始终保持不变的充电模式。采用定压充电时，电池组必须并联在充电电源之间。

目前多采用定流充电和定压充电相结合的充电过程，充电前期采用定流充电，可保证电池深度充电；后期则采用定压充电，可自动减少电流大小结束充电，避免过度充电。

新能源汽车充电策略，如图4-1-1所示。

① 预充电：不是每次充电都经历，当电池电压较低（<2.7V）时，如果直接进入恒流充电会损害电池寿命，恒流预充，电压升高至一定值，开始恒流充电。

② 恒流充电：以恒定电流充电至70%~80%电池电量时，电压达到最高电压限制电压，开始恒压充电。

③ 恒压充电：以30%的时间充10%的电量。

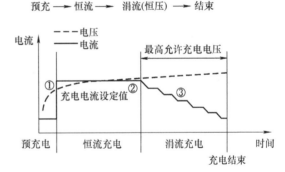

图4-1-1 新能源汽车充电策略

2. 电动汽车充电模式

电动汽车充电模式有普通充电、快速充电、电池组快速更换三种。

（1）普通充电（常规充电或慢速充电）

普通充电模式为交流充电方式，由外部电网提供220V（或380V）交流电源给电动汽车车载充电机，由车载充电机给动力电池充电，充满电一般需要5~8h。

常规充电的优点：充电桩成本低、安装方便；可在电网晚间的用电低谷进行充电，降低充电成本；充电时段充电电流较小、电压相对稳定，可保证动力电池组安全并延长使用寿命。

常规充电的缺点：充电时间过长，难以满足车辆紧急运行的需求。

（2）快速充电（应急充电）

快速充电的充电电流要大一些，这就需要建设快速充电站，它并不要求把电池完全充满，只满足继续行驶的需要就可以了。在这种充电模式下，在20~30min的时间内，只为电池充电50%~80%。这种充电方式为直流充电，地面充电机直接输出直流电能给车载动力电池充电，电动汽车只需提供充电接口及相关通信接口。

快速充电的优点：充电时间短，充电站场地更换快，节省停车场面积。

快速充电的缺点：充电效率较低，充电机制造、安装和工作成本较高；充电电流大，对充电的技术和方法要求高，对电池的寿命有负面影响；易造成电池异常，存在安全隐患，且大电流充电会对公共电网产生冲击，影响电网的供电质量和安全。

（3）电池组快速更换

通过直接更换电动汽车的电池组来达到充电的目的。由于电池组质量较大，更换电池的专业化要求较高，须配备专业人员并借助专业机械来快速完成电池的更换、充电和维护。

电池组快速更换的优点：解决了充电时间长、续驶里程短的难题；提高了车辆的使用效率，方便用户的使用；更换下来的蓄电池可以在低谷时段进行充电，降低了充电成本，提高了车辆运行的经济性；便于电池的维护、管理，提高了电池的使用寿命；有利于废旧电池的回收和再利用。

电池组快速更换的缺点：建设换电站和购买备用电池组成本较高，对于电池与电动汽车的标准化、电动汽车的设计改进、充电站的建设和管理以及电池的流通管理等有严格的要求。

3. 车载充电机的分类

按照连接方式的不同，车载充电机可分为传导式充电机和感应式充电机两种。

（1）传导式充电机（采用常规充电方式）

传导式充电机的供电部分与受电部分有机械式的连接，即输出电能通过电力电缆直接连接到电动汽车的充电接口上，电动汽车上不装备电力电子电路，这种充电机结构相对简单，容易实现，但操作人员不可避免地要接触到强电，容易发生危险。

如图 4-1-2 所示为带有传导式充电机的电动汽车的充电方式。通过慢速充电线束与 220V 家用交流插座或交流充电桩相连为动力电池进行充电。这种充电方式使用带电动汽车插接器和电源插接器的独立的活动电缆，连接交流充电站或民用、工业用或专用插座进行充电。

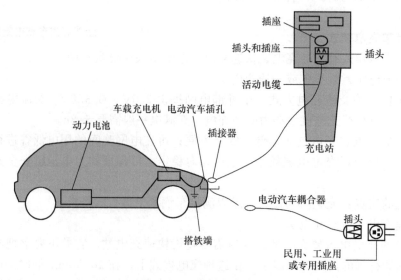

图 4-1-2 常规充电方式

（2）感应式充电机（采用无线充电）

利用电磁能量传递原理，采用电磁感应耦合方式向电动汽车传输电能，供电部分和受电部分之间没有直接的机械连接，二者的能量传递只是依靠电磁能量的转换。这种充电方式结构设计比较复杂，受电部分安装在电动汽车上，受到车辆安装空间的限制，因此功率受到一定的限制，但由于不需要充电人员直接接触高压部件，其安全性高。

感应充电也称无线充电，充电方式如图 4-1-3 所示。由于技术成熟度和基础设备的限制，无线充电技术尚未大批量产应用。

图 4-1-3　无线充电

4. 车载充电机外观及内部组成

车载充电机的外形如图 4-1-4 所示。带有散热片和散热风扇，外面有电线连接接口：交流输入端、直流输出端、低压通信端。

图 4-1-4　车载充电机外观

车载充电机内部可分为主电路、控制电路、线束及辅助零部件三部分。

（1）主电路

主电路前端将交流电转换为恒定电压的直流电，主要是全桥电路整流，后端为 DC/DC 转换器，将前端转出的直流高压电变换为合适的电压及电流供给动力电池。

（2）控制电路

控制电路控制 MOS 管的开关、与 BMS 之间通信、监测充电机状态、与充电桩通信等。

（3）线束及辅助零部件

线束用于主电路及控制电路的连接，辅助零部件包括固定元器件及电路板等。

充电机工作电压属于高电压，为了防止高压电路产生触电危险，机壳上设计有高压互锁控制电路，并且与车身有可靠的绝缘性能，如果高压互锁电路没有连接或高压绝缘电阻偏低，BMS 将阻断动力电池总正、总负接触器的吸合，不能输出动力电池的电能。

5. 车载充电机 AC/DC 电路原理

车载充电机工作电流的变换就是把市电交流电转换成动力电池充电所需的直流电，交流电转换成直流电（AC/DC）的过程，如图 4-1-5 所示。

图 4-1-5　充电机电流变换模块图

6. 车辆充电接口

新能源汽车上安装的充电接口，需满足国家标准 GB/T 20234.2—2015《电动汽车传导充电连接装置 第 2 部分：交流充电接口》和 GB/T 20234.3—2015《电动汽车传导充电连接装置 第 3 部分：直流充电接口》的要求。

（1）交流充电接口

交流充电接口总成如图 4-1-6 所示，通过家用 220V 插座和交流充电盒接入交流充电接口，通过车载充电设备将高压交流电转为高压直流电给动力电池充电。

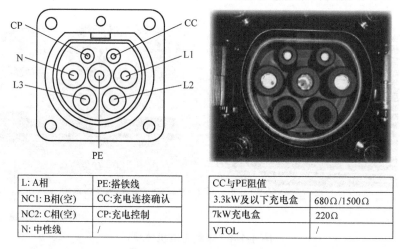

L: A相	PE:搭铁线	CC与PE阻值	
NC1: B相(空)	CC:充电连接确认	3.3kW及以下充电盒	680Ω/1500Ω
NC2: C相(空)	CP:充电控制	7kW充电盒	220Ω
N: 中性线	/	VTOL	/

图 4-1-6　交流充电接口总成

（2）直流充电接口

直流充电接口总成如图 4-1-7 所示，通过直流充电柜将高压直流电通过直流充电接口给动力电池充电。

CC1 用于充电柜确认枪是否插好（充电接口端有 1kΩ 电阻）；CC2 用于车辆确认枪是否插好（充电枪端有 1kΩ 电阻）。

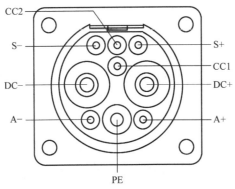

A−: 低压辅助电源负	S−: CAN−L
A+: 低压辅助电源正	S+: CAN−H
CC2: 直流充电感应信号，枪口CC2−PE 1kΩ	
CC1: 车身搭铁，1kΩ±30Ω	

图 4-1-7 直流充电接口

4.1.2 车载充电系统组成与原理

1. 比亚迪 e2

比亚迪 e2 纯电动汽车车载充电系统主要由交流充电接口、直流充电接口、动力电池、充配电三合一、电池管理器等组成（图 4-1-8）。比亚迪 e2 车载充电系统有直流充电和交流充电两种充电方式。

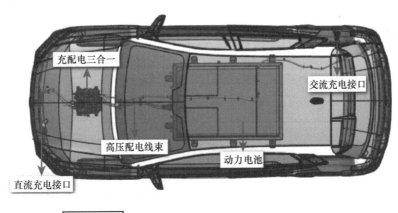

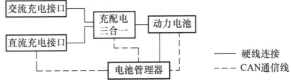

图 4-1-8 比亚迪 e2 车载充电系统

交流充电（最大 6.6kW）主要通过交流充电桩、壁挂式充电盒以及家用供电插座接入交流充电接口，通过充配电总成（车载充电器）将交流电转为直流高压电给动力电池充电。

直流充电（无升压功能）主要通过充电站的充电柜将直流高压电直接通过直流充电接口给动力电池充电。

（1）充电接口

比亚迪 e2 交流充电接口分总成布置在右后侧围，直流充电接口分总成布置在前格栅，交流、直流充电接口位置如图 4-1-9 所示，充电接口端口信息参见 4.1.1 小节中的"6. 车辆充电接口"。

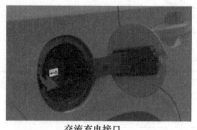
交流充电接口

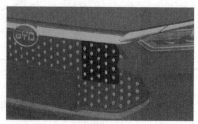
直流充电接口

图 4-1-9　比亚迪 e2 交流、直流充电接口位置

比亚迪 e2 直流充电路线为：CC1→柜子输出稳压电源→电池管理系统（BMS）得电→CC2→CAN 通信→柜子输出高压电（备注：低压控制端没有直流充电接触器，直接由充电柜唤醒 BMS）。

（2）充配电三合一

比亚迪 e2 高压配电盒采用的是 6.6kW 交流充配电三合一总成，其结构示意图如图 4-1-10 所示。其主要包括车载充电器与 DC/DC 集成模块、高压配电模块，具体参数见表 4-1-1。比亚迪 e2 高压配电内部结构如图 4-1-11 所示。

车载充电器与 DC/DC 集成模块有两个功能：一是将电网的 220V 交流电转换成高压直流电给动力电池充电；二是将高压直流电转化为低压直流电给整车负载及低压蓄电池供电。

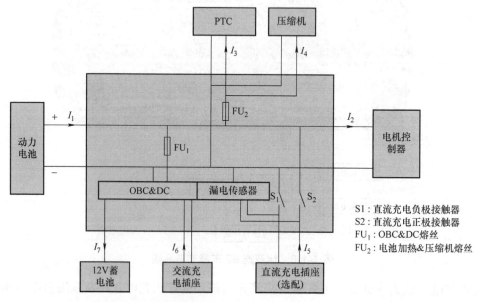

图 4-1-10　比亚 e2 充配电总成（含 OBC 与 DC/DC）结构示意图

项目 4 车载充电系统结构原理与维修

表 4-1-1 比亚迪 e2 配电总成电器参数

项 目		参 数
OBC 模块	输入电压	额定 AC 220，AC85V~AC265V
	最大输入功率	6.6 kW
	输出电压	200~400V
	效率	≥ 96%
DC 模块	输入电压	200~400V
	额定输出电压	(13.8 ± 0.2) V
	电流/负载稳定度	5%/5%
	响应速度	≥ 50A/ms
	低压输出侧承受最大反向电压	-20V
其他	冷却方式	水冷

图 4-1-11 比亚 e2 充配电总成内部结构

高压配电模块主要是通过铜排、接触器、熔断器等器件将电网、动力电池、高压负载等连接成高压回路，将动力电池的高压直流电供给整车高压电器，接受来自车载充电器或其他供给的直流电来给动力电池充电，控制整车高压系统电量的通断；同时还有其他的辅助检测功能，例如漏电检测、烧结检测等。

2. 比亚迪 e5（2018 款）

比亚迪 e5（2018 款）双向车载充电机与双向交流逆变式电机控制器（VTOG）、高压配电和漏电传感器、DC/DC 转换器集成在高压电控总成内部。比亚迪 e5 高压电控总成如图 4-1-12 所示。

图 4-1-12 比亚迪 e5 高压电控总成（内含双向车载充电机）

车载充电机可将交流充电接口传递过来的交流电源转换为直流高压电为动力电池充电；或者将动力电池直流电转化为交流电从充电接口输出。车载充电机有单向和双向之分，单向 OBC 和双向 OBC 实物图及对比如图 4-1-13 所示。单向 OBC 端子定义和双向 OBC 端子定义如图 4-1-14 和图 4-1-15 所示。

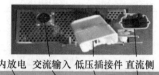

图 4-1-13　单向 OBC 和双向 OBC 实物图及对比

低压插接器端子	
编号	定义
3	CAN-L
4	充电指示灯信号
7	搭铁
8	持续10A电流
9	CAN-H
10	充电感应信号
其余	空脚

图 4-1-14　单向 OBC 端子定义

编号	端子定义	技术要求	备注
A	CP	0~100%占空比	1kHz
B	放电触发信号		车内放电请求开关信号
C	充电感应信号	拉低有效	BMS得电工作
D	充电连接信号		插枪信号,禁上OK档
E	CC		识别枪类及连接情况同时使OBC得电工作
F	开盖检测	(预留)	开盖停止工作
G	电源搭铁	车身搭铁	电源负极
H	常电	常电 2mA静态功耗 7A持续	电源正极,充电电压(13.8±5%)V,充电电流7A,静态功耗<2mA
J	CAN-H	动力网250K	CAN-H
K	CAN-L	动力网250K	CAN-L
L	CAN屏蔽		屏蔽线
M	ON档电	12V	整车ON档配电,车载得电工作
N	高压互锁输入	PWM信号	串接在高压线上拉至搭铁
P	/	/	/
R	/	/	/
S	/	/	/
T	预配电	12V	由BCM输入,唤醒休眠状态下的OBC
U	L相温度检测	(预留)	温度检测
V	检测信号搭铁	(预留)	温度检测GND

图 4-1-15　双向 OBC 端子定义

图 4-1-16 所示为比亚迪 e5 车载充电系统原理图,当通过快充接口对电池组进行充电时,电压输出高达 600V,直接利用电压差对动力电池充电;当通过交流充电接口对电池组进行充电时,则需通过车载充电机将 220V 进行变压后再对动力电池进行充电,家用充电电流一般为 8A,充电桩充电电流一般为 14A。

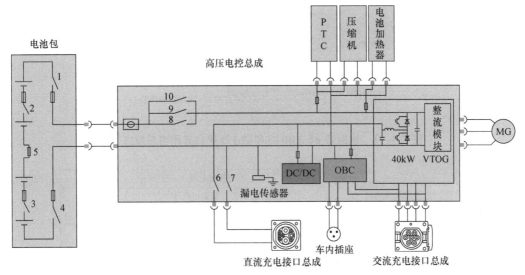

图 4-1-16　比亚迪 e5 车载充电系统原理图

1—正极接触器　2—分压接触器 1　3—分压接触器 2　4—负极接触器　5—维修开关　6—直流充电正极接触器　7—直流充电负极接触器　8—主接触器　9—充电接触器　10—预充接触器

交流充电过程:交流充电枪→交流充电接口→ CC 信号→ VTOG → BMS → CP 信号反馈给充电枪→充电枪开始充电→按照充电桩的功率选择充电路径(车载充电机 OBC 或 VTOG)→动力电池→车辆液晶显示屏显示充电信息→充电桩显示充电信息。

VTOG、车载充电机的主要作用是制高压交/直流电双向逆变,驱动电机运转,实现充、放电功能。具体表现如下:

① 驱动控制(放电):通过采集加速踏板、制动、档位、旋变信号等控制电机正向、反向驱动,正、反转发电功能;具有高压输出电压和电流控制限制功能;具有电压跌落、过电流、过热、IPM 过热、IGBT 过热保护、功率限制、转矩控制限制等功能;同时具备电控系统防盗、能量回馈控制、主动泄放、被动泄放控制。

② 充电控制:具有交、直流转换,双向充、放电控制功能;具有自动识别单相、三相相序并根据充电电流控制充电方式,根据充电设备识别充电功率功能;根据车辆或其他设备请求信号控制车辆对外放电;断电重启功能:在电网断电又供电时,可继续充电。

3. 比亚迪 e5(2019 年款)

比亚迪 e5(2019 年款)的车载充电机集成在 B 平台充配电总成(充配电三合一总成)中,在车上的位置如图 4-1-17 所示。

比亚迪 e5 充配电总成及其性能参数如图 4-1-18 所示。

比亚迪 e5 充配电总成端口及定义如图 4-1-19 所示。

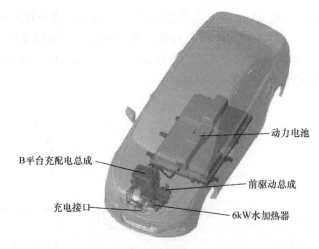

图 4-1-17　比亚迪 e5（2019 年款）B 平台充配电总成位置

充配电总成		B平台
电压	额定电压/V	394.2
	最高电压/V	450
	最低电压/V	250
OBC	充电功率/kW	6.6
	类型	单向、隔离
DC	额定输出电压/V	13.8
	额定输出电流/A	145

图 4-1-18　比亚迪 e5 充配电总成及其性能参数

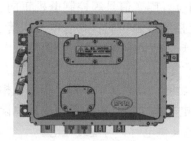

序号	定义	对接说明
1	辅助定位(ϕ13)	安装在前舱大支架上
2	出水口	连接冷却水管
3	排气口	连接排气管
4	进水口	连接冷却水管
5	主定位(ϕ11)	安装在前舱大支架上
6	交流充电输入	连接交流充电接口
7	直流充电输入	连接直流充电接口
8	空调压缩机配电	连接空调压缩机
9	PTC水加热器配电	连接PTC
10	辅助定位(ϕ13)	安装在前舱大支架上
11	低压正极输出	连接蓄电池
12	辅助定位(ϕ13)	安装在前舱大支架上
13	低压信号	连接低压线束
14	高压直流输入/输出	连接动力电池
15	电机控制器配电	连接电机控制器
16	电控甩线和直流母线鼻子固定维修盖	线鼻子固定点维修盖板
17	直流充电线缆线鼻子固定维修盖	线鼻子固定点维修盖板

图 4-1-19　比亚迪 e5 充配电总成端口及定义

4. 比亚迪宋 Pro DM 混合动力汽车

比亚迪宋 Pro DM 混合动力汽车车载充电系统主要由充电接口、双向车载电源总成、动力电池（集成 BMS、高压配电箱、漏电传感器、电池模组于一体）等组成，双向车载电源总成布置在后舱，如图 4-1-20 所示。

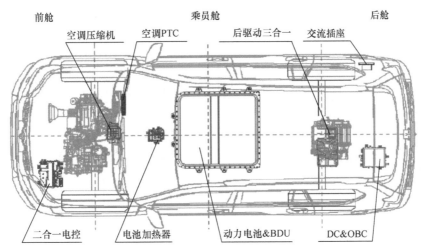

图 4-1-20　比亚迪宋 Pro DM 车型双向车载电源总成布置

图 4-1-21 所示为双向车载电源总成，集成了隔离双向车载充电机和 DC/DC 转换器。隔离双向车载充电机（Bi-direction On-Board Charger，Bi-OBC，简称 OBC）与 DC/DC 转换器（DC/DC Converter，DC）集成模块（简称 OBC&DC）主要有三个功能：一是将电网的 220V 交流电转换成高压直流电给动力电池充电；二是将高压直流电转换成低压直流电，给整车低压负载及蓄电池供电；三是将高压直流电转换成家用 220V 交流电，给车内及车外一般家用负载供电。

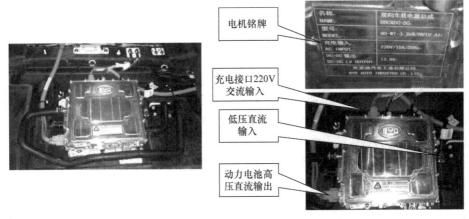

图 4-1-21　双向车载电源总成（OBC 与 DC 集成）

如图 4-1-22 所示为比亚迪宋 Pro DM 的车载充电机总成的电路图。

5. 广汽丰田 ix4

广汽丰田 ix4 车载充电系统电气原理框图如图 4-1-23 所示。

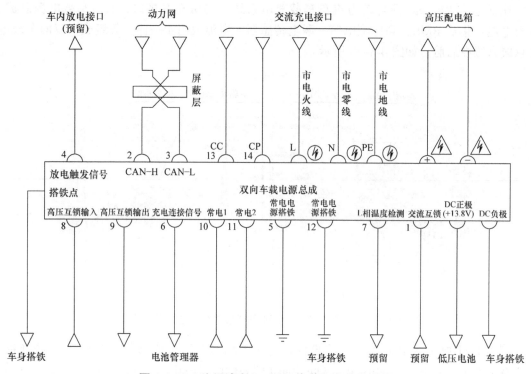

图 4-1-22 比亚迪宋 Pro DM 车载机总成电路图

电动汽车车载充电机是通过 AC/DC 或 DC/DC 转换器将电网的交流电转换为满足电池充电要求的直流电的电力电子装置。

车载充电机结构包括主功率电路部分和弱电控制电路两部分。主功率部分包括 EMI 滤波、软起动、功率因数校正变换器、DC/DC 转换器及负载。弱电控制部分包括弱电辅助电源、功率因数控制电路、DC/DC 转换器控制电路及通信模块,其中功率因数校正控制电路由电压电流检测、驱动及保护和控制器组成,DC/DC 转换器控制电路由电流电压检测电路和驱动保护电路组成。

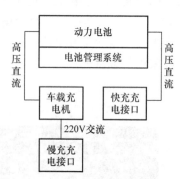

图 4-1-23 广汽丰田 ix4 车载充电系统电气原理框图

广汽丰田 ix4 车载充电系统车载充电机安装位置及参数如图 4-1-24 所示。

6. 吉利帝豪 EV 系列

吉利帝豪 EV300/EV350/EV450 充电系统从功能上分为快充、慢充、低压充电和制动能量回收四项。快充系统由直流充电接口(带高压线束)、动力电池组成;慢充系统由交流充电接口(带高压线束)、车载充电机、动力电池等组成。吉利帝豪 EV450 充电系统组成原理框图如图 4-1-25 所示,车载充电机位置如图 4-1-26 所示。车载充电机低压线束插接器及端子定义见表 4-1-2。

项目 4　车载充电系统结构原理与维修

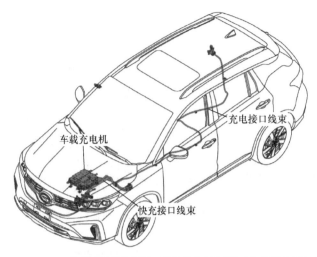

项目	型式及参数
车载充电机额定输入电压/V	220
车载充电机输入频率/Hz	50
车载充电机输出电压/V	240~250

图 4-1-24　广汽丰田 ix4 车载充电机安装位置及参数

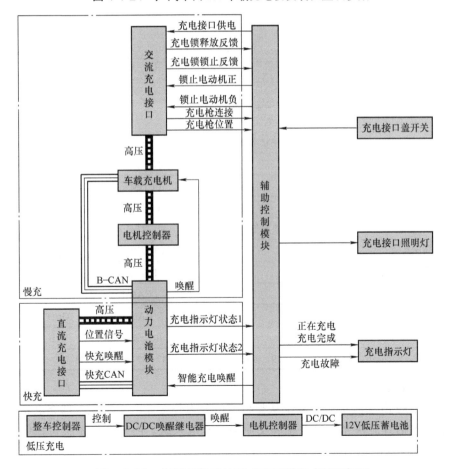

图 4-1-25　吉利帝豪 EV450 充电系统组成原理框图

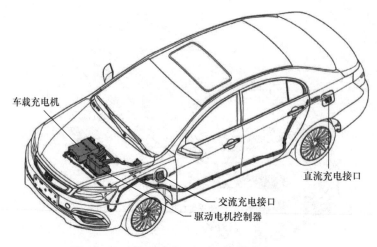

图 4-1-26　吉利帝豪 EV450 车载充电机位置

表 4-1-2　车载充电机低压线束插接器及端子定义

BV10 车载充电机低压线束插接器

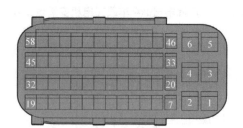

端子号	端子定义	颜色	端子状态	端子号	端子定义	颜色	端子状态
4	KL30	R		41	对应灯具 2 脚	P/B	
6	搭铁	B		44	电子锁正极	W/L	
17	充电接口温度检测 1	B/W		47	对应灯具 3 脚	L	
19	唤醒	0.5Y/B	慢充唤醒信号	49	对应灯具 4 脚	O/G	
26	高压互锁入	W		50	CP 信号检测	V/B	
27	高压互锁出	Br/B		50	CP 信号检测	V/B	
30	电子锁状态	W/R		54	CAN-L	L/B	
34	充电接口温度检测 1	B/Y		55	CAN-H	Gr/O	
39	CC 信号检测	O		57	电子锁负极	W/B	

备注：端子号 1~3、5、7~16、18、20~25、28~29、31~33、35~38、40、42、43、45、46、48、51~53、56、58 为空。

7. 吉利帝豪 GSe

吉利帝豪 GSe 电动汽车充电系统从类型上可分为外接充电系统和内部充电系统。其中外接充电系统包括直流快充充电系统和交流慢充充电系统。内部充电系统包括低压电源充电、智能充电及制动能量回馈。

项目 4 车载充电系统结构原理与维修

吉利帝豪 GSe 外部充电系统由车载充电机、交流充电接口、直流充电接口、高压导线等组成,如图 4-1-27 所示,充电系统组成原理框图如图 4-1-28 所示。交流充电接口安装在

图 4-1-27 吉利帝豪 GSe 内部充电系统组成

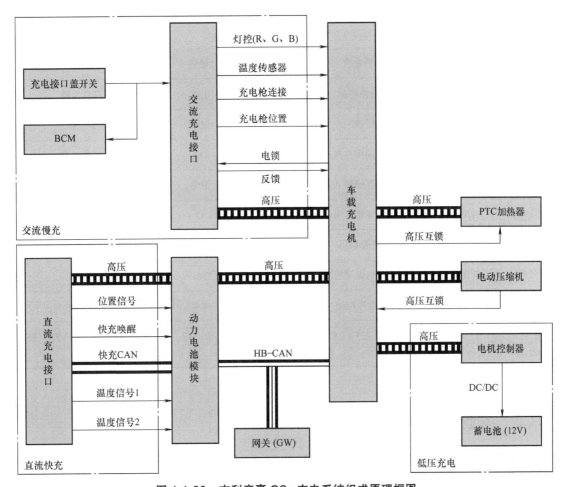

图 4-1-28 吉利帝豪 GSe 充电系统组成原理框图

车身右前侧；直流充电接口安装在车身左后侧。充电时，根据选择的充电类型，连接交流充电插头或直流充电插头到相应的充电插座，连接正确后开始充电。充电接口连接后形成回路，当出现连接故障时，系统可以检测该故障。

车载充电机低压线束插接器及端子定义见表 4-1-3。

表 4-1-3　车载充电机低压线束插接器及端子定义

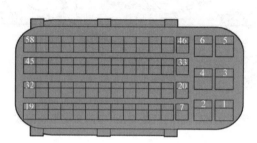

BV10 车载充电机低压线束插接器

端子号	线色	端子说明	端子号	线色	端子说明
4	R/L	蓄电池电源	41	L/Y	对应灯具 2 脚
6	B	搭铁	44	Y/G	电子锁正极
17	W/G	充电接口温度检测搭铁	47	O/L	对应灯具 3 脚
26	W/O	高压互锁输入	49	B/G	对应灯具 4 脚
27	W/P	高压互锁输出	50	O	交流充电控制输出
30	Br/W	电子锁状态	54	G/V	接总线低
34	W/P	充电接口温度检测	55	Y/V	接总线高
39	Y/R	CC 信号检测	57	Y/R	电子锁负极

备注：端子号 1~3、5、7~16、18~25、28、29、31~33、35~38、40、42、43、45、46、48、51~53、56、58 为空。

4.1.3　车载充电系统电路图查询

1. 2019 款年比亚迪 e5

2019 年款比亚迪 e5 车载充电系统电路图如图 4-1-29 所示。

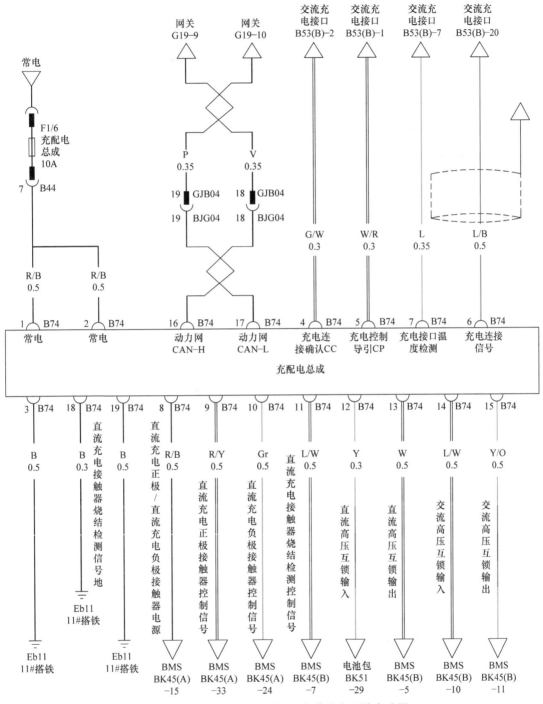

图 4-1-29　2019 年比亚迪 e5 车载充电系统电路图

2. 2017、2018 年款比亚迪 e5

2017、2018 年款比亚迪 e5 车载充电系统（车载充电机部分）电路图如图 4-1-30 所示。

2017、2018 年款比亚迪 e5 车载充电系统（充电接口部分）电路图如图 4-1-31 所示。

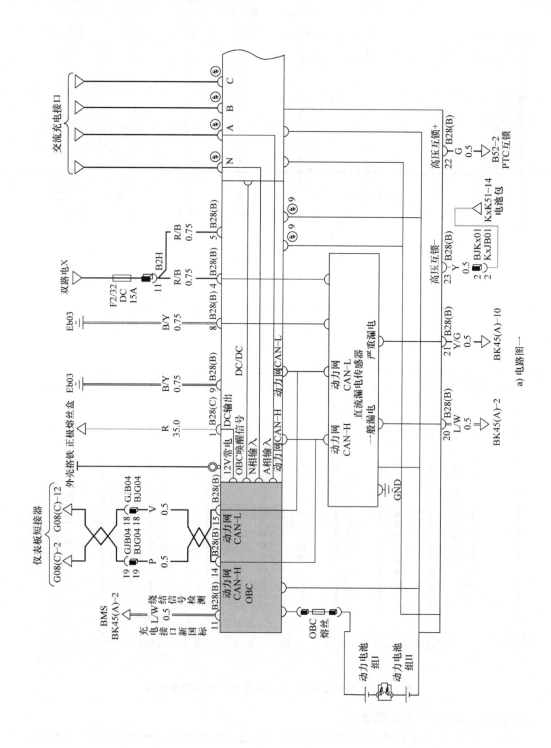

a) 电路图一

项目4 车载充电系统结构原理与维修

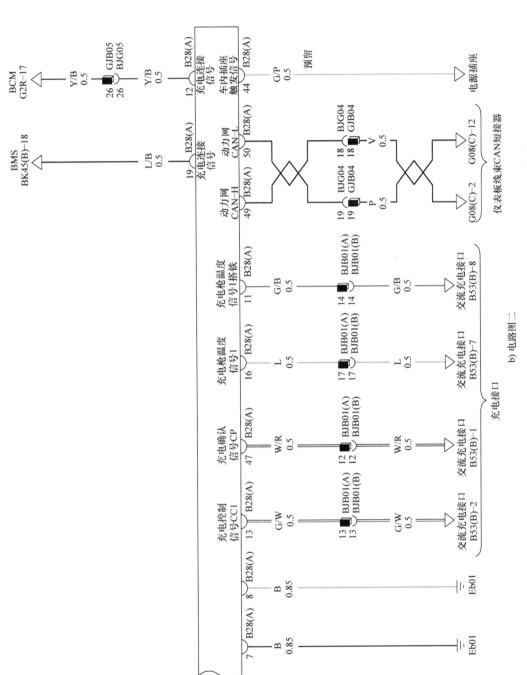

图 4-1-30 2017、2018 年款比亚迪 e5 车载充电系统（车载充电机部分）电路图
b) 电路图二

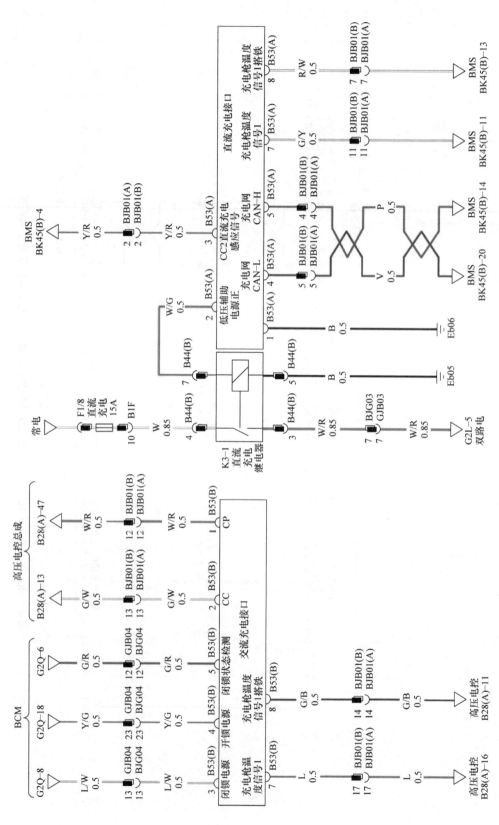

图 4-1-31 2017、2018 年款比亚迪 e5 车载充电系统（充电接口部分）电路图

3. 吉利帝豪 EV450

吉利帝豪 EV450 交流充电系统的电路图如图 4-1-32 所示。

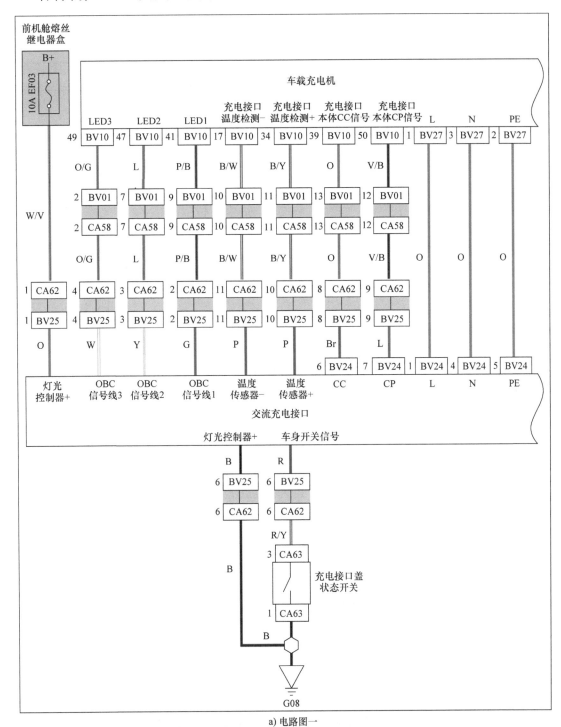

a) 电路图一

图 4-1-32 吉利帝豪 EV450 交流充电系统电路图

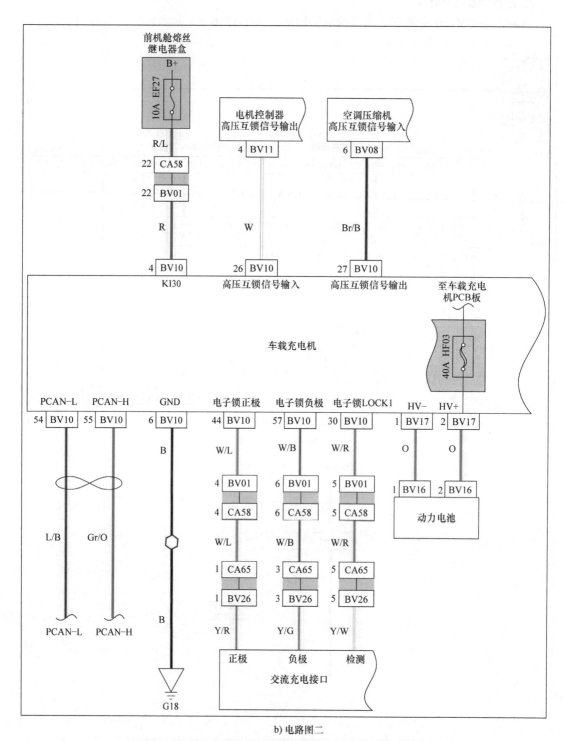

b) 电路图二

图 4-1-32 吉利帝豪 EV450 交流充电系统电路图（续）

4. 比亚迪 e2

比亚迪 e2 车载充电系统（充配电总成和交流充电接口部分）电路图如图 4-1-33 所示。

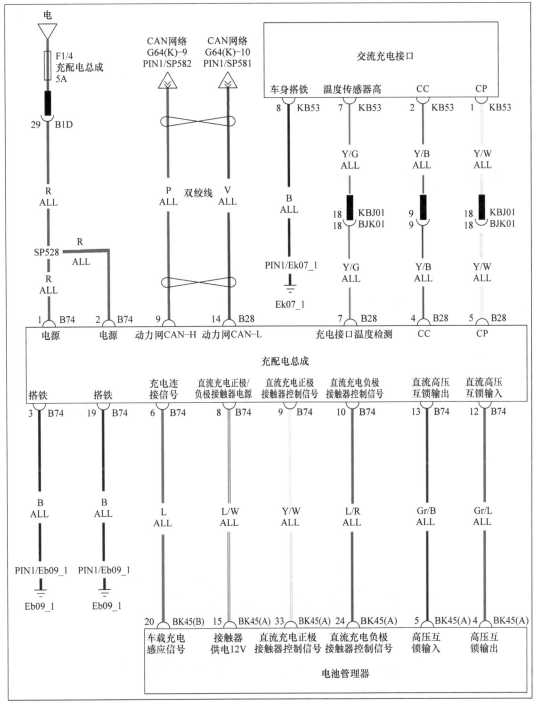

图 4-1-33 比亚迪 e2 车载充电系统（充配电总成和交流充电接口部分）电路图

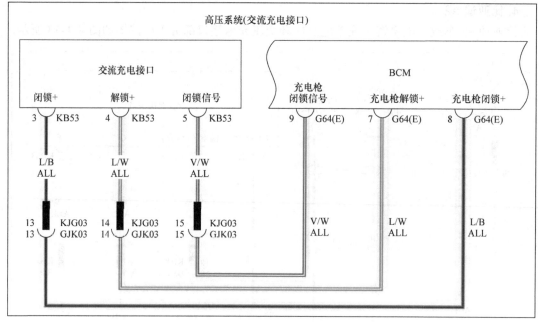

b) 电路图二

图 4-1-33　比亚迪 e2 车载充电系统（充配电总成和交流充电接口部分）电路图（续）

4.2　车载充电系统检查与维修

4.2.1　车载充电系统检查保养★

1. 快、慢充充电接口外观检查（有无异物、烧蚀等）

① 车辆熄火（退电至 OFF 档），整车解锁，打开充电接口舱盖及充电接口盖。

② 目视检查充电接口塑料绝缘壳体外观有无热熔变形，严重热熔变形影响正常使用的需要更换。正常状态的充电接口塑料绝缘壳体外观如图 4-2-1 所示。

正常状态1

正常状态2

图 4-2-1　正常状态的充电接口塑料绝缘壳体外观

③ 目视检查充电接口内部以及端子内部有无异物，如图 4-2-2 所示，有异物的需要使

用高压气枪排出异物，无法排出且影响正常使用的需更换。

④ 目视检查充电接口端子有无变黑，变黑则需更换，如图 4-2-3 所示。

图 4-2-2　检查端子簧片是否附着异物　　　图 4-2-3　检查充电接口端子有无变黑

⑤ 检查充电接口端子簧片及底部有无变黑，变黑的需要更换处理。若充电接口端子簧片及底部变黄，请打开后背门，打开左后侧围检修口排查，需辅助照明仔细观察充电接口尾部电缆是否烧黑及变形。若充电接口端子簧片及底部变黄且伴随尾部电缆外层变黑则需更换，如图 4-2-4 所示。

图 4-2-4　端子簧片及底部变黄且尾部电缆外层变黑

⑥ 目视检查端子簧片有无断裂，断裂的需要更换。端子簧片前端断裂如图 4-2-5 所示。

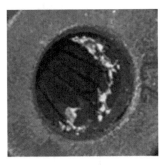

图 4-2-5　端子簧片前端断裂

2. 快、慢充充电接口绝缘电阻检查

以吉利帝豪 EV450 为例测量充电接口绝缘电阻，步骤如下：

① 断开高压连接。

② 测量交流充电接口（A）L、N 分别对 PE 的绝缘阻值，要求绝缘阻值大于 20MΩ。

③ 测量直流充电接口（B）DC-、DC+ 分别对 PE 的绝缘阻值，要求绝缘阻值大于 20MΩ。

警告：测量绝缘阻值，请选用 500V 及以上量程的绝缘电阻表测量。

3. 车载充电机外观及充电电缆的检查

（1）车载充电机外观检查

① 检查散热风扇是否有异物。

② 散热翅上尽可能减少杂物，保证散热时风道畅通。

③ 检查低压插接器是否有松动，保证插接器可靠插接。

④ 检查高压插接器是否可靠插接。

⑤ 检查外壳是否有明显碰撞痕迹，对车载充电机内部模块是否造成损坏。

（2）充电电缆检查

检查车载充电机各连接线束有无破损、裂缝，高低压连接是否牢固，有无松动。车载充电机连接线束如图 4-2-6 所示。

4. 车载充电机绝缘阻值的检查

用绝缘电阻表测量车载充电机正极线束和车载充电机壳体之间的电阻，标准电阻应大于或等于 20MΩ。用绝缘电阻表测量车载充电机负极线束和车载充电机壳体之间的电阻，标准电阻应大于或等于 20MΩ。

图 4-2-6　车载充电机连接线束

5. 车载充电机回路检查

吉利帝豪 EV450 车载充电机回路电路简图如图 4-2-7 所示。

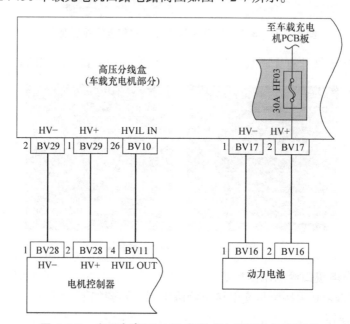

图 4-2-7　吉利帝豪 EV450 车载充电机回路电路简图

车载充电机回路检查如图 4-2-8 所示。

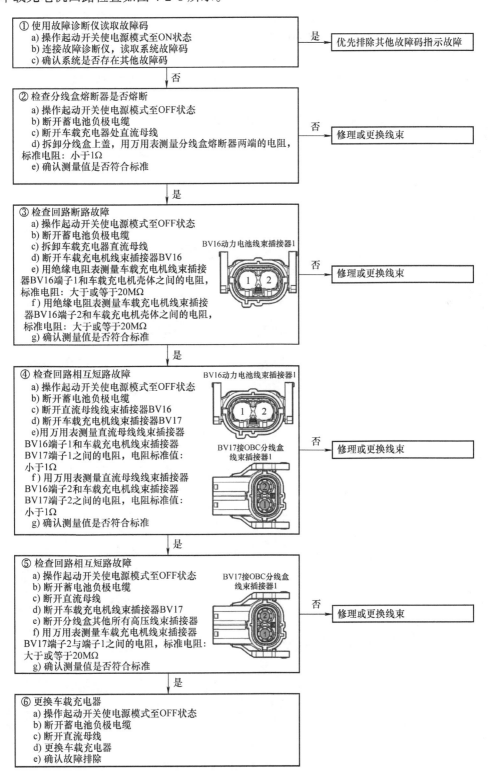

图 4-2-8　车载充电机回路检查步骤

6. 慢充充电枪的检查

慢充充电枪检查如图 4-2-9 所示。使用万用表测量慢充充电枪 CC 端子与 PE 端子之间的电阻。测量方法：将万用表调节到 2kΩ 档位，黑色表笔接 PE 端子，红色表笔接 CC 端子，测量 CC 端子与 PE（搭铁）之间的电阻，电阻为 200Ω。

注意：电阻的测量数值因车型不同而不同，以上测量结果仅为参考值。

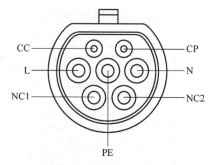

图 4-2-9　慢充充电枪检查

7. 快、慢充充电操作

快、慢充充电操作如图 4-2-10 所示。

图 4-2-10　充电操作的具体过程

项目4 车载充电系统结构原理与维修

图 4-2-10 充电操作的具体过程（续）

8. 车载充电机工作温度检查

起动车辆，使用红外线测温仪（图 4-2-11）检查车载充电机工作温度。

4.2.2 车载充电系统检测与维修 ★★

1. 快、慢充充电接口的更换

（1）吉利帝豪 EV450

1）直流充电接口的更换

a）打开机舱盖，断开蓄电池负极电缆并等待至少 5min。

b）向上推动图 4-2-12 箭头所示的直流母线插接器卡扣保险，并断开直流母线连接充电机端插接器。

图 4-2-11 红外线测温仪

注意：拆卸前直流母线时佩戴绝缘手套，拆卸后使用万用表测量直流母线段正负极电压，只有低于 1V，才能进行下面的操作。

c）在举升机工位拆卸左后轮及左后轮罩衬板。

d）举升车辆，断开图 4-2-13 所示的动力电池上的直流充电高压线束插接器。

e）拆卸图 4-2-14 中的直流充电高压线束支架固定螺栓和螺母，脱开直流充电高压线束支架。

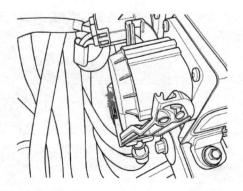

图 4-2-12 拆卸直流母线

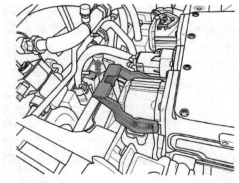

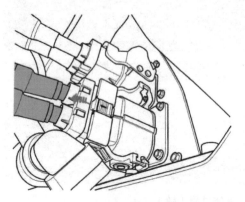

图 4-2-13 拆卸动力电池上的直流充电高压线束插接器

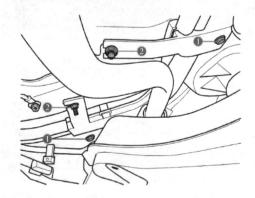

图 4-2-14 拆卸直流充电高压线束支架

f）先脱开图 4-2-15 中的直流充电高压线束固定线卡①，再拆卸动力电池左防撞梁螺栓②，最后脱开直流充电高压线束固定线卡③。

g）脱开图 4-2-16 所示的直流充电高压线束 4 个固定线卡。

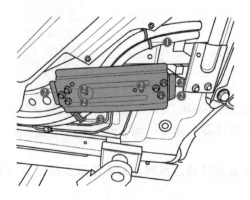

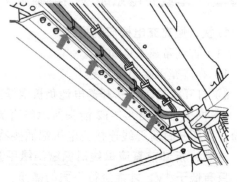

图 4-2-15 拆卸线束固定线卡　　　图 4-2-16 拆卸直流充电高压线束 4 个固定线卡

h）先脱开图 4-2-17 所示的直流充电高压线束固定线卡①，再拆卸直流充电高压线束支架固定螺栓②。

i)在左后轮罩内,先脱开图4-2-18中的直流充电高压线束固定线卡①,再拆卸直流充电接口搭铁线束固定螺栓②,脱开搭铁线束;最后断开直流充电接口线束插接器③。

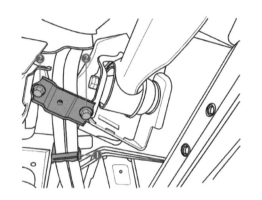 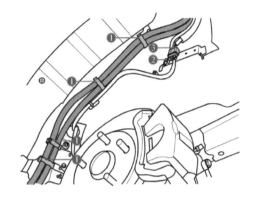

图4-2-17 拆卸直流充电高压线束固定线卡和支架　　图4-2-18 拆卸左后轮罩内线束插接器及固定线卡

j)拆卸直流充电接口4个固定螺栓,取出直流充电接口总成。

安装时按照与拆卸相反的顺序进行。

2)交流充电接口的更换。吉利帝豪EV450交流充电接口安装在左前轮上方翼子板上。拆卸步骤如下:

a)打开机舱盖,断开蓄电池负极电缆并等待至少5min。

b)参照直流充电接口的更换步骤b)拆卸车载充电机的直流母线。

c)在举升机工位拆卸左前轮及前轮罩衬板。

d)在机舱内先断开图4-2-19所示车载充电机上的交流充电高压线束插接器①;再脱开交流充电高压线束插接器卡扣②。

e)在机舱左侧断开图4-2-20所示的交流充电高压线束卡扣。

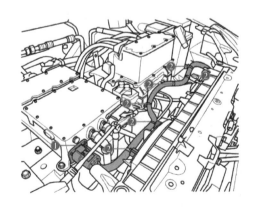 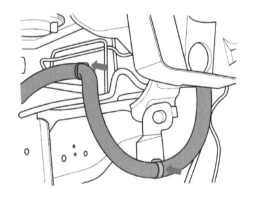

图4-2-19 拆卸交流充电高压线束插接器卡扣　　图4-2-20 拆卸高压线束卡扣

f)继续在前机舱左侧断开图4-2-21a中箭头所示交流充电高压线束卡扣,并断开交流充电机锁止拉线卡扣;再断开图4-2-21b中箭头所示交流充电机解锁拉线卡扣。

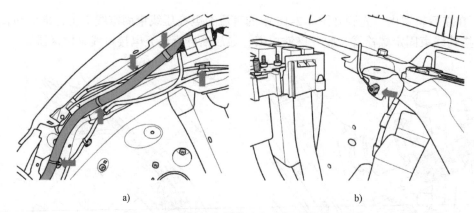

a)   b)

图 4-2-21 拆卸高压线卡扣和解锁拉线卡扣

g）如图 4-2-22 所示，在左前轮罩衬板处，先断开交流充电接口线束插接器①，再断开交流充电接口盖线束插接器②，最后断开交流充电接口线束插接器③。

h）如图 4-2-23 所示，先拆卸交流充电接口盖螺钉，再撬起交流充电接口盖卡扣，取出交流充电接口盖。

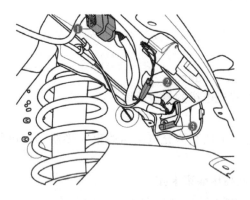 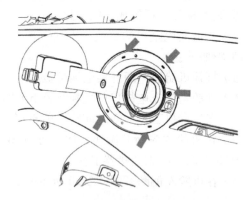

图 4-2-22 在左前轮罩衬板处断开线束插接器　　图 4-2-23 拆卸交流充电接口盖

i）如图 4-2-24 所示拆卸交流充电接口固定螺栓，取出交流充电接口总成。

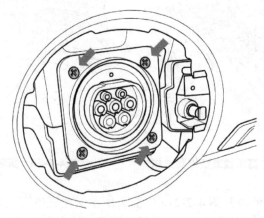

图 4-2-24 拆卸交流充电接口总成

安装时按照拆卸相反的顺序进行,插接器连接时应遵循"一插、二响、三确认"原则。

(2)比亚迪 e2

1)拆卸插接器。车辆熄火(退至 OFF 档),拔掉维修开关。

拆卸交流充电接口:拆卸交流充电插接器、交流低压插接器。

拆卸直流充电接口:拆卸直流低压插接器、直流充电线鼻子(先断开接动力电池线束的插接器、拆卸充配电总成上盖、拆卸充配电总成内部线鼻子),如图 4-2-25 所示。

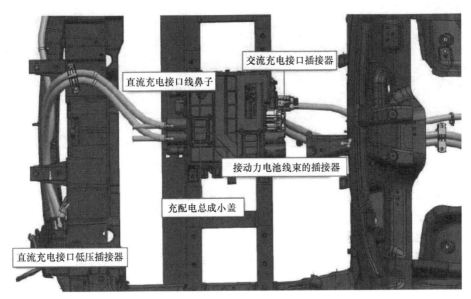

图 4-2-25 拆卸充电接口相关插接器

2)拆卸搭铁和扎带、电子锁。

拆卸交流充电接口:用 10 号套筒工具拆卸交流充电搭铁(图 4-2-26),用剪刀剪断扎带。

拆卸直流充电接口:用 10 号套筒工具拆卸直流充电搭铁,用剪刀剪断扎带。

拆卸交流充电接口:用十字螺钉旋具拆卸电子锁(图 4-2-27)。

图 4-2-26 拆卸交流充电搭铁　　　　图 4-2-27 拆卸电子锁

3)拆卸车辆充电接口(图 4-2-28)。

拆卸交流充电接口：用8号套筒工具拆卸交流充电接口。
拆卸直流充电接口：用8号套筒工具拆卸直流充电接口。

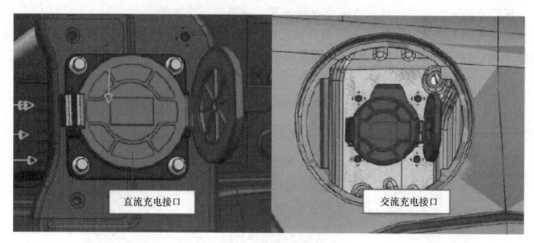

图 4-2-28　拆卸车辆充电接口

安装按照拆卸的相反顺序进行，其中螺栓紧固力矩为（9±1）N·m，电子锁安装螺钉紧固力矩为 1N·m。

2. 慢充充电接口各针脚电阻值检查

慢充充电接口各针脚电阻值检查如图 4-2-29 所示。使用万用表测量交流充电接口 CP 端子与 PE 端子之间的电阻。

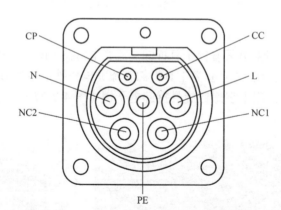

图 4-2-29　慢充充电接口各针脚电阻值检查

测量方法：将万用表调节到 200kΩ 档位，黑色表笔接 PE 端子，红色表笔接 CP 端子，测量 CP 端子与 PE（搭铁）之间的电阻，电阻为 137kΩ。注意：电阻的测量数值因车型不同而不同，以上测量结果仅为参考值。

3. 高压接线盒线束导通检查

在进行整车故障诊断时，诊断出高压部件不工作或高压部件无电压输入，方可按照此流程检查回路导通性。回路导通性检查流程如图 4-2-30 所示。

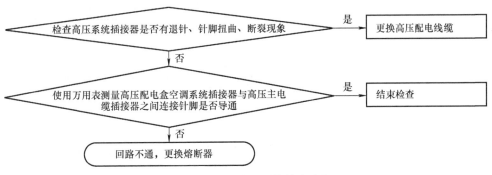

图 4-2-30　回路导通性检查流程

车载充电机输出回路导通（短路）检查流程如图 4-2-31 所示。

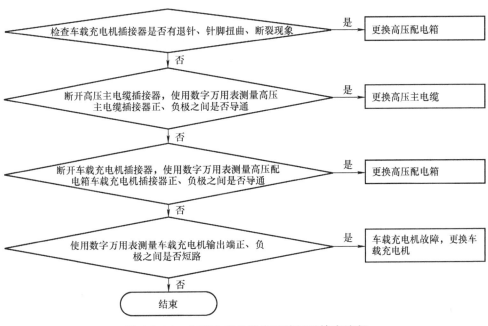

图 4-2-31　车载充电机输出回路导通检查流程

电机控制器回路导通（短路）检查流程如图 4-2-32 所示。
直流充电回路短路检查流程如图 4-2-33 所示。

4. 车载充电机的更换

打开前机舱盖，断开蓄电池负极电缆，断开车载充电器处直流母线，排放冷却液。拆卸车载充电机，具体操作如下：

1）断开车载充电机与加热器高压线束插接器①（图 4-2-34）。

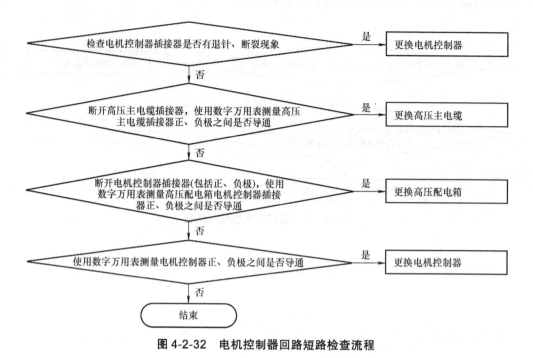

图 4-2-32　电机控制器回路短路检查流程

2）断开车载充电机与驱动电机控制器高压线束插接器②。
3）断开车载充电机线束与交流充电接口总成插接器③。

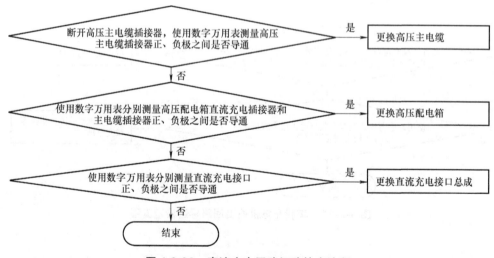

图 4-2-33　直流充电回路短路检查流程

4）断开车载充电机与驱动电机总成连接水管④。
5）断开车载充电机与驱动电机控制器连接水管⑤。
6）断开车载充电机与低压插接器⑥。
7）拆卸分线盒电机控制器高压线束插接器 4 个固定螺栓（图 4-2-35）。

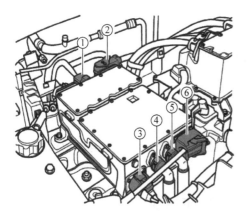

图 4-2-34 车载充电机连接器、水管

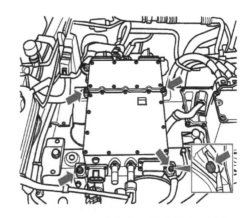

图 4-2-35 分线盒电机控制器高压线束插接器固定螺栓

8）拆卸车载充电机搭铁线。

9）取出车载充电机。

安装程序以倒序进行，各管路连接完后，添加冷却液。注意：插接时注意"一插、二响、三确认"。

4.3 车载充电系统故障诊断 ★★★

4.3.1 故障确认、读取故障码或上电再现故障

（1）故障确认

故障排除中最困难的情况是没有任何症状出现，在这种情况下，必须彻底分析用户所叙述的故障。然后模拟与客户车辆出现故障时相同或相似的条件和环境，无论维修人员经验如何丰富、技术如何熟练，如果不确认故障症状就进行故障排除，将会在修理中忽略一些重要的东西，并在某些地方作出错误的猜测。这将导致故障排除无法进行下去。

检查易于接触或能够看到的系统部件，以查明其是否有明显损坏或存在可能导致故障的情况。

插接器插头和振动的支点是应该彻底检查的主要部位，如果可能是振动造成的故障，则建议用振动法。

a）用手指轻轻振动可能有故障的传感器零件，并检查是否出现故障。

b）在垂直和水平方向轻轻摇动插接器。

c）在垂直和水平方向轻轻摇动线束。

若还不能确认故障，使用故障诊断仪进行故障确认。

（2）读取故障码

按正常充电的流程，插上充电枪，刷卡充电。连接充电枪，准备充电。用诊断仪连接车辆的 OBD 诊断接口读取相应故障码，进行检查。使用诊断仪可在不拆卸任何零件的情况

下读取开关和传感器的状态。

（3）上电再现故障

对车辆重新上电,观察车载充电系统出现的具体故障及征兆,根据再现故障现象查找故障原因。

4.3.2 车载充电系统数据流读取

按正常充电的流程,插上充电枪,刷卡充电。连接充电枪,准备充电。用诊断仪连接车辆的 OBD 诊断接口读取相应数据流,进行检查。

4.3.3 因线束、插接器引发的车载充电系统故障诊断

（1）充电连接故障诊断

吉利帝豪 EV450 充电连接电路简图如图 4-3-1 所示。充电连接故障诊断流程图如图 4-3-2 所示。

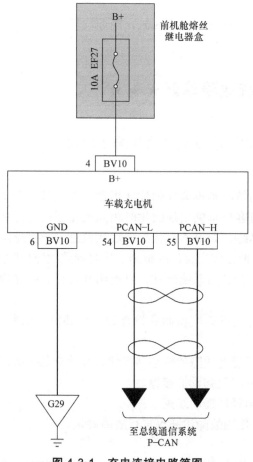

图 4-3-1 充电连接电路简图

项目 4　车载充电系统结构原理与维修

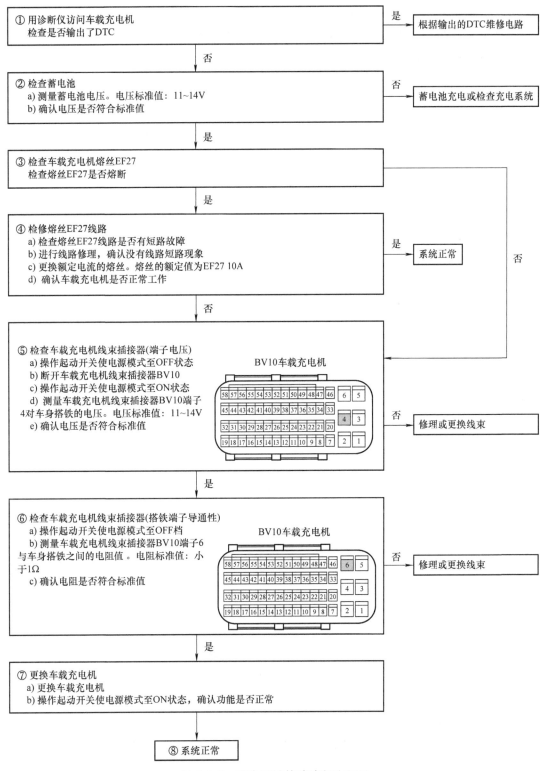

图 4-3-2　充电连接故障诊断流程图

（2）车载充电机通信故障诊断

吉利帝豪 EV450 车载充电机通信故障电路简图如图 4-3-3 所示。车载充电机通信故障诊断步骤如图 4-3-4 所示。

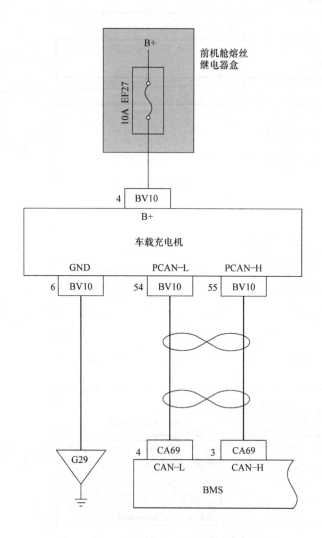

图 4-3-3　车载充电机通信故障电路简图

（3）高压系统漏电故障

吉利帝豪 EV450 高压系统漏电故障回路如图 4-3-5 所示，具体诊断步骤如图 4-3-6 所示。

项目 4　车载充电系统结构原理与维修

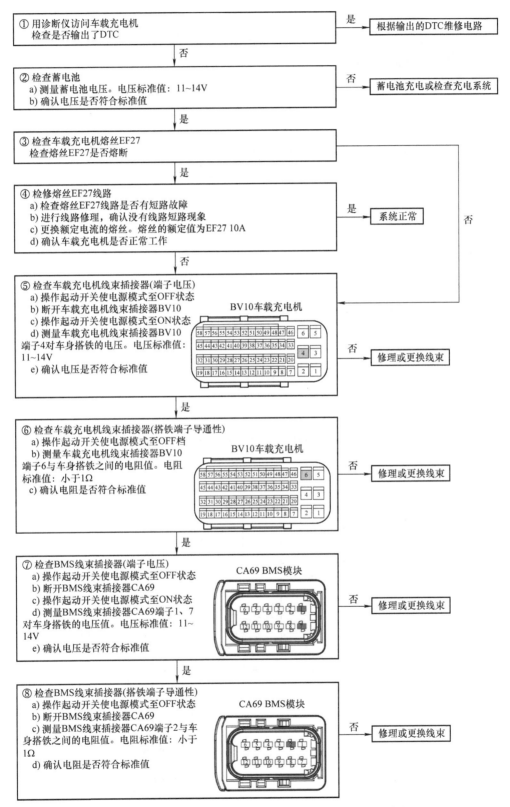

图 4-3-4　吉利帝豪 EV450 车载充电机通信故障诊断步骤

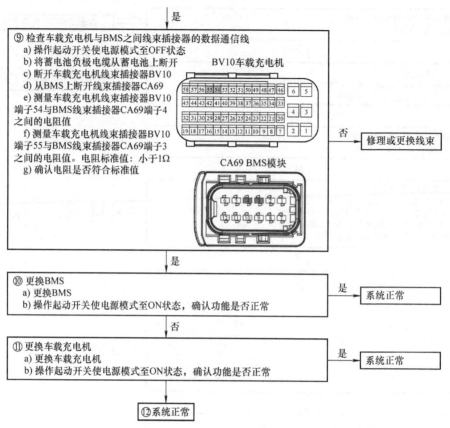

图 4-3-4　吉利帝豪 EV450 车载充电机通信故障诊断步骤（续）

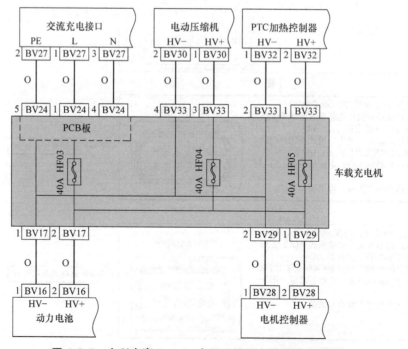

图 4-3-5　吉利帝豪 EV450 高压系统漏电故障电路简图

项目4 车载充电系统结构原理与维修

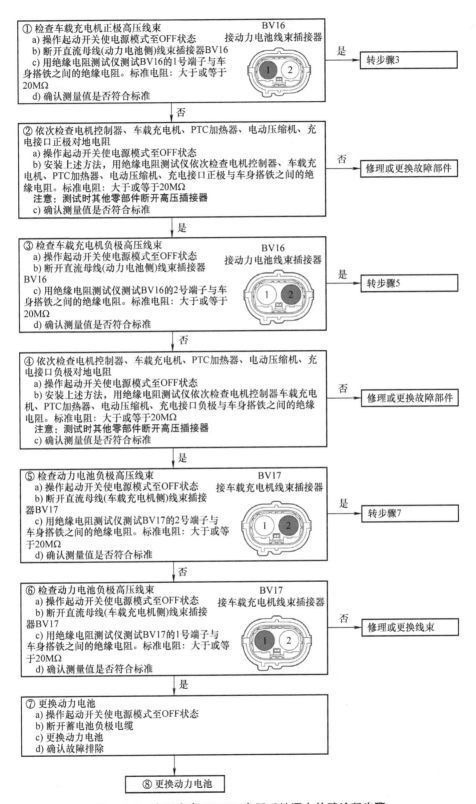

图 4-3-6 吉利帝豪 EV450 高压系统漏电故障诊断步骤

4.3.4 不充电、充电慢故障诊断

当车辆充电异常时,首先进行车外的检查,主要是外部交流电源、交流充电桩、交流充电枪等是否有故障,排除外围故障后,对车上充电接口、交流充电线、车载充电机、蓄电池、VCU 及 BMS 等进行检查。车辆充电异常故障诊断流程图如图 4-3-7 所示。

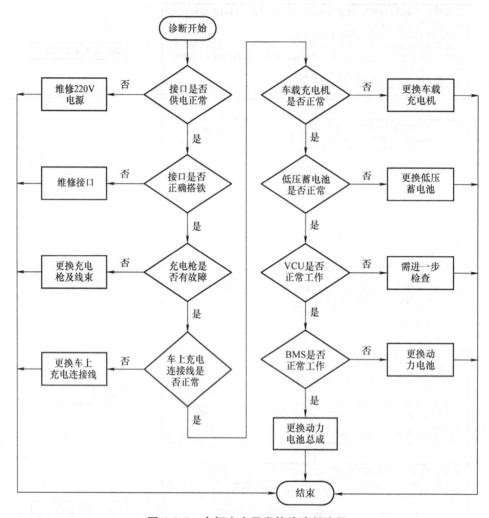

图 4-3-7 车辆充电异常故障诊断流程

(1) 比亚迪 e5 直流充电接口无法充电故障诊断

1) 故障症状。一辆 2018 年比亚迪 e5 直流充电接口无法充电。

2) 原因分析

直流充电接口故障或直流充电接口电缆断路故障。

高压电控总成充电感应信号部件故障。

电池管理器故障。

低压线束线路故障。

3) 诊断流程如图 4-3-8 所示。

项目4 车载充电系统结构原理与维修

① 检查直流充电接口总成高低压线束
　a) 分别拔出直流充电接口总成的高压插接器和低压插接器

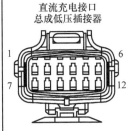
直流充电接口总成低压插接器

引脚号	端口定义	对接端	稳态工作电流
1	低压辅助电源负	车身搭铁	10A
2	低压辅助电源正	继电器拉高控制	10A
3	充电连接确认CC2	BMS45(B)-4	
4	CAN-L	BMS45(B)-20	
5	CAN-H	BMS45(B)-14	
6	(空)		
7	温度传感器高	BMS45(B)-11	
8	温度传感器低	BMS45(B)-13	
9~12	(空)		

　b) 分别测试正负极电缆和低压线束是否导通
　c) 用万用表检查低压插接器与直流充电接口端阻值是否正常

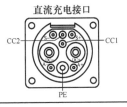
直流充电接口

端子	线色	正常值
A-(低压辅助电源负)	B	小于1Ω
A+(低压辅助电源正)	R	小于1Ω
CC2(直流充感应信号)	R	小于1Ω
S-(CAN-L)	B	小于1Ω
S+(CAN-H)	R	小于1Ω
CC1-车身搭铁	W/B	1kΩ±30Ω

否 → 更换直流充电接口

是 ↓

② 检查低压线束
　a) 电源置为OFF档
　b) 拔出电池管理器插接器BMC 02
　c) 用万用表检查电池管理器插接器BMC 02与充电接口端子阻值是否正常

电池管理器插接器BMC02

端子	线色	正常值
BMC02的04端子-CC2(直流充感应信号)	R	小于1Ω
BMC02的14端子-S+(CAN-H)	R	小于1Ω
BMC02的20端子-S-(CAN-L)	B	小于1Ω
A-(低压辅助电源负)	B	小于1Ω
A+(低压辅助电源正)	R	小于1Ω

否 → 更换线束

是 ↓

③ 检查高压电控总成
　a) 电源置为OFF档
　b) 连接充电枪,准备充电
　c) 用万用表检查电池管理器插接器BMC 02与车身搭铁之间的值是否正常

端子	线色	正常值
直流充电正负极接触器电源脚-车身搭铁	W/R	11~14V
直流充电接触器控制脚-车身搭铁	B	小于1Ω

　d) 断开充电枪
　e) 拔下电池管理器插接器,将直流充电正负极接触器控制脚与车身搭铁短接,将吸合充电正负极接触器
　f) 用万用表测量充电接口DC+与DC-电压值是否正常,正常值约为650V

否 → 检修高压电控总成

是 ↓

④ 更换电池管理器

⑤ 诊断结束

图 4-3-8　比亚迪 e5 直流充电接口无法充电故障诊断流程图

（2）比亚迪 e5 交流充电接口无法充电故障诊断

1）故障现象。一辆 2018 年比亚迪 e5 交流充电接口无法充电。

2）原因分析

① 交流充电接口故障或交流充电接口电缆断路故障。

② 高压电控总成充电感应信号部件故障。

③ 电池管理器故障。

④ 低压线束线路故障。

3）诊断流程如图 4-3-9 所示。

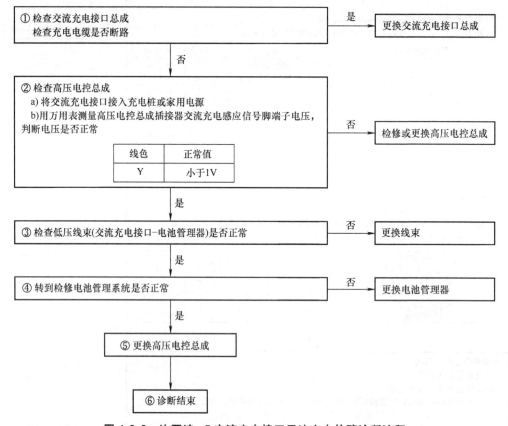

图 4-3-9　比亚迪 e5 交流充电接口无法充电故障诊断流程

（3）秦 Pro EV 偶发性无法充电案例分析

1）故障现象。一辆秦 Pro EV 使用壁挂式交流充电器及便携式充电器时，出现偶发性无法充电。此时组合仪表提示"EV 功能受限"，车辆在正常行驶中也会偶发提示"EV 功能受限"车辆无动力输出，故障出现时退电重起车辆正常。

2）原因分析

① 系统软件程序原因。

② 高压系统零部件故障。

③ 动力电池故障。

④ 线路故障。

项目 4　车载充电系统结构原理与维修

3）维修过程

① 车辆进行充电检查时故障未出现，使用 VDS 扫描电池管理器存在"P1AC200 高压互锁 2 故障"历史故障码，如图 4-3-10 所示。扫描后有程序更新，将其全部更新后清除故障码，反复试车充电正常。怀疑系统误报，但第二天再次出现无法充电故障，排除软件程序问题导致该故障。

图 4-3-10　P1AC200 高压互锁 2 故障码

② 检查电池管理器再次出现"P1AC200 高压互锁 2 故障"，如图 4-3-11 所示，连接充电枪观察数据流发现高压互锁 2 为"锁止"状态，根据电路图断开电池管理器 BK45（B）插接器，测量线束端 BK45（B）-10 与 BK45（B）-11 的导通状态，如图 4-3-12 所示，结果为不导通。确定故障为线路或互锁引起。秦 Pro EV 充电系统高压互锁线路如图 4-3-13 所示。

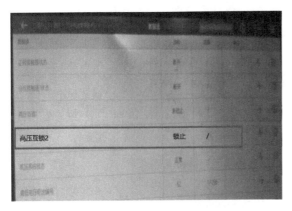

图 4-3-11　P1AC200 高压互锁数据流

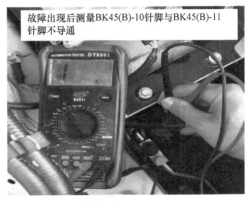

图 4-3-12　测量线束端 BK45（B）-10 与 BK45（B）-11 导通状态

③ 报互锁 2 故障，怀疑插接器接触不良或针脚退针情况（零部件及线束出现故障很少）。故根据电路图优先排查所有关于互锁 2 的插接器，检查 BJK02-8 针脚，正常。

④ 检查 KB52（B）直流互锁转接 1、KB52（C）直流互锁转接 2 及高压直流插接器，正常（无松动退针现象）；检查 KB52（A）交流互锁转接，正常，发现交流高压插接器未插到底如图 4-3-14 所示，重新插到底后，再次测量 BK45（B）-10 高压互锁输出线与 BK45（B）-11 高压互锁输入线，测量阻值结果正常，如图 4-3-15 所示。反复多次试车故障排除。

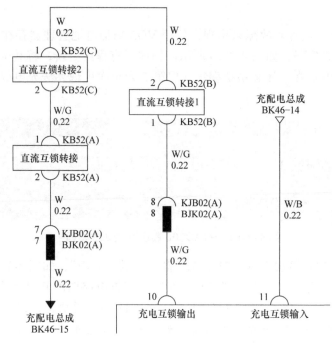

图 4-3-13 秦 Pro EV 充电系统高压互锁线路

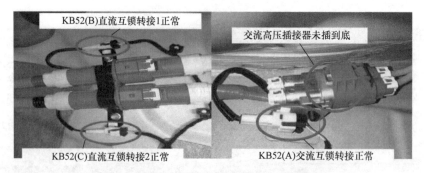

图 4-3-14 检查插接器及插接器互锁转接

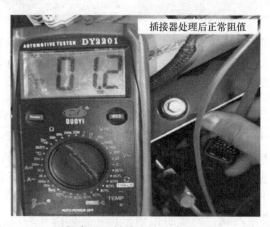

图 4-3-15 测量高压互锁输出线与高压互锁输入线阻值

（4）e5 充电功率受限故障案例分析

1）故障现象。一辆 e5 用户反馈充电慢如图 4-3-16 所示，在国家电网（直流充电柱）充满需大于 4h，交流充电功率正常。

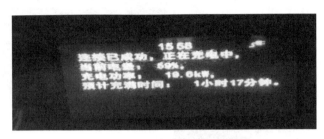

图 4-3-16　e5 充电功率受限故障

2）原因分析

① 线束搭铁不良或相关线路故障。

② 电控四合一或 BMS 故障。

③ 动力电池温度问题。

④ 冷却循环系统故障。

3）维修过程

① VDS 扫描相关系统没有报故障码，只有电子驻车系统和空调系统有程序要更新，更新后，用充电柱直流充电测试故障依旧存在。

② 车辆进行交流 7kW 充电正常，直流充电功率由小到大等待上升到 40kW 时马上开始慢慢降到 20kW 左右状态进行稳定充电，此时充电功率较小，时间延长故障存在。

③ 检查动力电池组平均温度（14℃）并与直流充电功率正常车辆（电池组平均温度 8℃）对比，排除温度过低导致限功率。

④ 因车辆没有报相关故障码以及数据流没有明显异常情况只能进行调换件测试，调换电控四合一和 BMS 后测试故障依旧。

⑤ 两台车充电时数据流对比发现 IGBT 温度偏差较大，故障车 IGBT 温度为 70℃，如图 4-3-17 所示。初步怀疑温度高导致，再次与客户沟通了解到，高速行驶时仪表板偶尔会亮乌龟图案（驱动功率限制），并出现无法提速情况。

⑥ 高速试车，车辆在 100km/h 以上连续行驶后故障出现，仪表板动力系统故障警告灯亮起，提速提不上去，仪表板功率表也限制在 20kW 左右，此时读取数据流 IGBT 温度为 95℃，如图 4-3-18 所示。

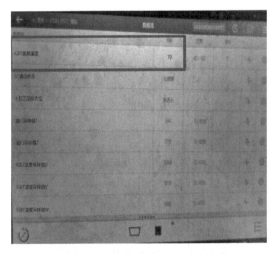

图 4-3-17　读取故障车 IGBT 温度

⑦ 因 IGBT 高温需检查冷却液及电动水泵，最终发现电动水泵针脚腐蚀，如图 4-3-19

所示，出现冷却系统循环不畅导致高温，更换电动水泵后故障排除。

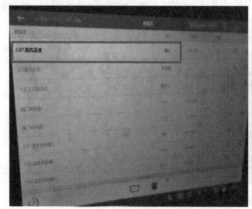

图 4-3-18　读取数据流 IGBT 温度（功率限制在 20kW 左右）

图 4-3-19　电动水泵针脚

（5）e5 交流充电功率低故障案例分析

1）故障现象。一辆比亚迪 e5 出租车辆，行驶 120000km 以后，交流快充只有 7kW 的功率，直流正常。

2）原因分析

① 充电桩故障。

② 高压电控、电池管理器等软件问题。

③ 充电接口故障。

④ 高压电控总成故障。

⑤ 动力电池故障。

3）维修过程

① 先用原厂 40kW 充电桩进行充电，确实存在此问题排除充电桩故障导致。

② 用 VDS2000 查看没有故障码，对整车软件进行程序更新后确认故障依然存在。

③ 检查充电接口，用万用表检测充电接口 L1、L2、L3 到高压电控插接位置的通断

（图 4-3-20），用绝缘电阻表检测绝缘阻值（图 4-3-21），两项数据显示正常，排除充电接口故障。

图 4-3-20　检测充电接口 L1、L2、L3 到高压电控插接位置的通断

图 4-3-21　检测绝缘阻值

④ 用 VDS2000 检测 VTOG 数据流，发现充电时 A 相和 B 相都有 32A 的电流，但 C 相只有 2A 的电流，确定故障，如图 4-3-22 所示。

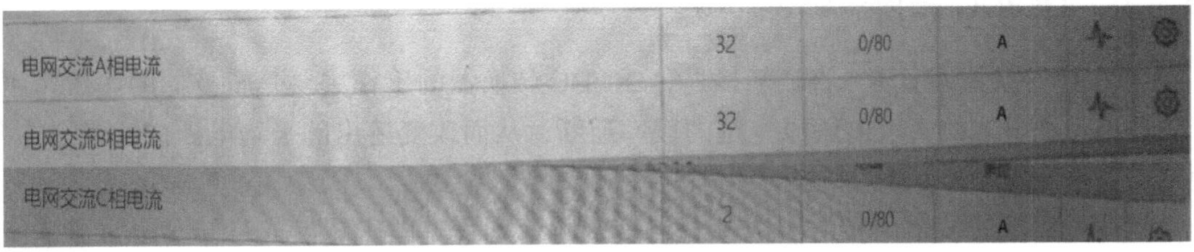

电网交流A相电流	32	0/80	A
电网交流B相电流	32	0/80	A
电网交流C相电流	2	0/80	

图 4-3-22　检测 VTOG 数据流

⑤ 更换高压电控总成故障排除。

注意：

① 目前市面上很多充电桩非国标或者未更新至最新国标要求，因此排除故障时要用原厂充电设备验证。

② 若检测不到 L3 的电流输入，VTOG 会默认为是单项 7kW 充电，在检修时需重点关注。

4.3.5　充电接口漏电故障诊断

① 操作起动开关使电源模式至 OFF 状态。

② 用绝缘电阻测试仪检查充电接口正极与车身搭铁之间的绝缘电阻，电阻大于或等于 20MΩ 为正常。

③ 用绝缘电阻测试仪检查充电接口负极与车身搭铁之间的绝缘电阻，电阻大于或等于 20MΩ 为正常。

注意：测试时其他零部件断开高压插接器。

项目 5

DC/DC 转换器结构原理与维修

5.1 DC/DC 转换器结构与原理

5.1.1 DC/DC 转换器概述

DC/DC 转换器即直流/直流转换器，DC/DC 转换器的工作主要是斩波器的调压作用，斩波器是一种输入的直流电压以一定的频率通断，从而改变输出的平均电压的变换器，电动汽车上是指直流对直流的转换。

斩波电路是斩波器的核心组成部分，负责将输入直流电压转换成目标输出直流电压。根据输入输出电压大小和极性，斩波电路主要分为降压斩波电路、升压斩波电路和升降压斩波电路。降压斩波电路是将电压较高的直流电源降低为低压直流电；升压斩波电路是将电压较低的直流电源升至电压较高的直流电源；升降压斩波电路是指输出电压既可低于输入电压，也可高于输入电压。

DC/DC 转换器的主要作用将动力电池的高压直流电转换为整车低压直流电（12V），给整车低压用电系统供电，并在 12V 低压电池电量不足时，为其充电。DC/DC 转换器在纯电动汽车上的功能就相当于发电机和调节器在传统燃油车上的功能。

吉利帝豪 EV450 的 DC/DC 转换器与电机控制器集成在一起；比亚迪 e2 的 DC/DC 转换器与配电箱、车载充电机集成在高压配电总成中；2017/2018 年款比亚迪 e5 的 DC/DC 转换器与电机控制器、车载充电机、漏电传感器集成在高压电控总成中；2019 年款比亚迪 e5 的 DC/DC 转换器与车载充电机、高压配电箱集成在充配电总成中。

DC/DC 转换器冷却方式有自然冷却和液冷两种，具有输入过欠电压保护、输出过欠电压保护、输出过载短路保护以及过温保护功能，具有效率高、体积小、耐受恶劣工作环境能力强等特点。

5.1.2 DC/DC 转换器结构原理

1. DC/DC 转换器结构

（1）外部结构

DC/DC 转换器工作中会产生大量的热量，外壳一般带有散热片，外部连接端子与高压控制盒的高压输入电缆相连接，产生的低压直流电通过外部的低压输出正极端子、低压输出负极端子与低压电路相连接，DC/DC 转换器工作时通过低压控制端与仪表板、VCU 等系统进行通信和信息交换，保证 DC/DC 转换器与整车协调工作，如图 5-1-1 所示。

（2）内部结构

DC/DC 转换器内部结构主要分为高压输入部分、印制电路板、变压器、低压整流输出部分等。高压部分将从高压配电盒送来的高压直流电引入 DC/DC 内部。印制电路板上安装 DC/DC 各种元器件；变压器将高压电转变为低压电；低压整流输出电路将转变后的低压电进行整流并输出。DC/DC 转换器具有效率高、体积小、耐受恶劣工作环境的特点。

图 5-1-1 DC/DC 转换器结构

在电动汽车中，部分 DC/DC 转换器单独安装（比亚迪 e6、北汽 EV200），也有与车载充电机集成（比亚迪宋 Pro DM）或者与电机控制器集成（比亚迪秦、唐车型）等。

2. 电路工作原理

电动汽车的 DC/DC 转换器采用降压斩波电路，工作原理如图 5-1-2 所示，斩波电路分为 DC/AC、变压器、整流二极管和滤波电路四个部分。DC/AC 部分采用高频电路交替控制四个绝缘栅晶体管（IGBT）的导通和截止，将高压直流电逆变成高压高频的交流电，其频率和占空比由高频电路的频率和控制绝缘栅晶体管的导通时间决定，该交流电经过高频变压器的降压，将原来高频高压的交流电转变成高频低压交流电，经过二极管的整流和电容器的滤波，将高频低压交流电转换成低压直流电（14V），完成电压的变换，给整车和辅助蓄电池供电。

图 5-1-3 所示的是奔驰 400 双向直流电压整流器，支持 12V 蓄电池充电（动力电池→辅助蓄电池），支持实现助力效果的动力电池（12V 蓄电池→动力电池），通过 12V 充电器或其他车辆进行跨接起动（12V 蓄电池→动力电池），通过电容器进行自放电。

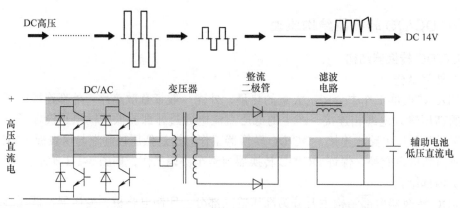

图 5-1-2 DC/DC 转换器电路（斩波电路）工作原理图

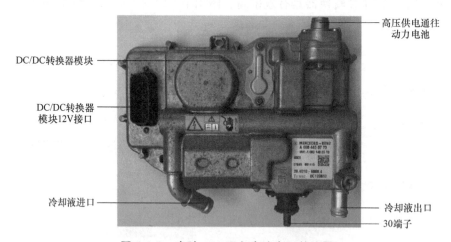

图 5-1-3 奔驰 400 双向直流电压整流器

5.2 DC/DC 转换器系统维修与故障诊断

5.2.1 DC/DC 转换器检测维修 ★★

1. DC/DC 转换器低压输出电压检查

① 将点火开关置于 OFF 档，断开所有用电器并拔出钥匙。
② 按压低压蓄电池锁压件，打开盖板并裸露出蓄电池正极。
③ 使用专用万用表电压档测量低压蓄电池的电压，并记录数值，如图 5-2-1 所示。
④ 将点火开关置于 ON 档，整车上电，继续读取万用表数值，查看变化情况（车内用电设备关闭），如图 5-2-2 所示，这时所测的这个电压值是 DC/DC 输出的电压。若在整车上电后且关闭车内用电设备的情况下，检测 DC/DC 转换器输出电压，应在 13.5~14V 范围内。

图 5-2-1　整车上电前测量低压蓄电池电压　　图 5-2-2　整车上电后测量低压蓄电池电压

2. DC/DC 转换器端子电阻检查

广汽丰田 DC/DC 转换器控制单元线束插接器 FB68 及端子定义如图 5-2-3 所示。

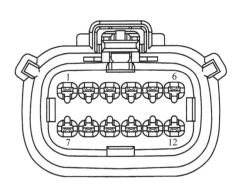

端子号	线色	端子定义
1	0.5/紫	高压互锁输入
2	0.35/黑	搭铁
3	0.5/红	唤醒信号
5	0.35/橙	ECAN-L
6	0.35/绿	ECAN-H
11	0.35/灰	高压互锁输出

图 5-2-3　DC/DC 转换器控制单元线束插接器 FB68 及端子定义

广汽丰田 DC/DC 转换器端子电阻检查步骤如下：

① 将起动开关置于 OFF 位置，断开 DC/DC 控制单元线束插接器 FB68。

② 测量 DC/DC 控制单元线束插接器 FB68 端子 5 与端子 6 之间电路的电阻值，电阻标准值约 60Ω。

③ 测量 DC/DC 控制单元线束插接器 FB68 端子 2 与车身搭铁之间电路的电阻值，电阻标准值小于 1Ω。

3. DC/DC 转换器的更换

1）关闭所有用电器，关闭起动开关。拆卸手动维修开关，断开蓄电池负极接线柱。

2）拆卸电机控制器上护板。排放电机控制系统冷却液，拆卸膨胀水罐总成。

3）拆卸 DC/DC 转换器。

a）断开 DC/DC 转换器连接插头①②（图 5-2-4）。

b）旋出搭铁线束固定螺栓（箭头），脱开 DC/DC 转换器连接线束固定螺栓罩盖①（图 5-2-5）。螺栓拧紧力矩：(8±2)N·m。

c）松开固定卡箍①，脱开与 DC/DC 转换器连接水管②，然后旋出 DC/DC 转换器线束连接固定螺栓③（图5-2-6）。螺栓③拧紧力矩：（24±3）N·m。

d）旋出DC/DC转换器固定螺栓（箭头），取出DC/DC转换器①（图5-2-7）。螺栓拧紧力矩：（22±2）N·m。

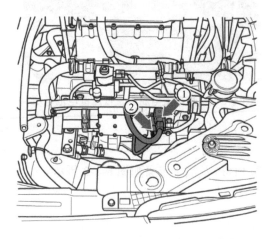

图5-2-4　DC/DC转换器连接插头①②

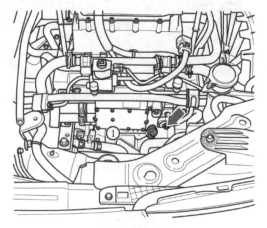

图5-2-5　转换器连接线束固定螺栓罩盖①

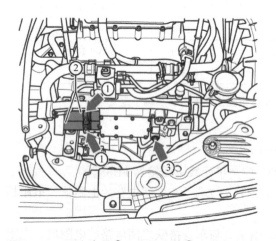

图5-2-6　固定卡箍①、连接水管②、线束连接固定螺栓

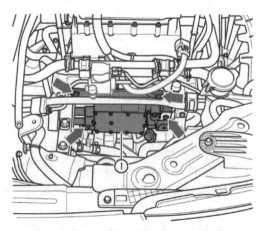

图5-2-7　固定螺栓DC/DC转换器①

安装程序以倒序进行。

5.2.2　DC/DC转换器故障诊断★★★

1. 故障码、数据流读取

① 连接诊断仪到OBD接口。

② 起动车辆，读取故障码并将其记录下来。部分车型如吉利帝豪EV450读取电机控制器总成故障码可读出DC/DC转换器故障码。

③ 清除故障码。
④ 读取数据流。

2. 因线束、插接器引发的故障诊断

（1）上汽荣威 ERX5 DC/DC 输出端子连接错误故障诊断

上汽荣威 ERX5 DC/DC 输出端子连接错误故障码见表 5-2-1。

表 5-2-1　上汽荣威 ERX5 DC/DC 输出端子连接错误故障码

DTC	FTB	故障描述
P1D65	01	DC/DC 输出端子连接错误

具体诊断步骤如下：

① 检查 DC/DC 转换器插接器的安装位置，线束以及插接器是否有磨损或腐蚀的现象。对于目视有问题的可重新调整。

② 连接诊断仪，点火开关置于 ON 位置，使用诊断仪读取故障码，并作记录。

③ 清除故障码后，如果再次设置了故障码，则检测/更换 DC/DC 转换器。

（2）丰田 ix4 DC/DC 转换器回路故障诊断

丰田 ix4 DC/DC 转换器回路简图如图 5-2-8 所示，其回路故障诊断如图 5-2-9 所示。

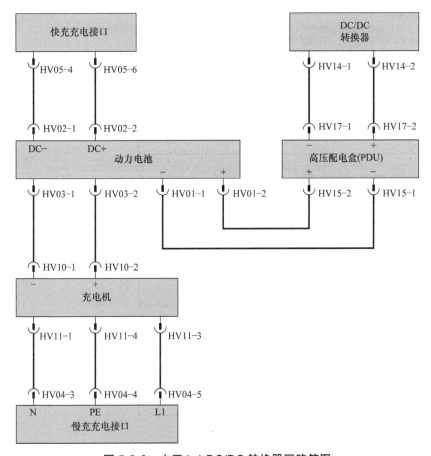

图 5-2-8　丰田 ix4 DC/DC 转换器回路简图

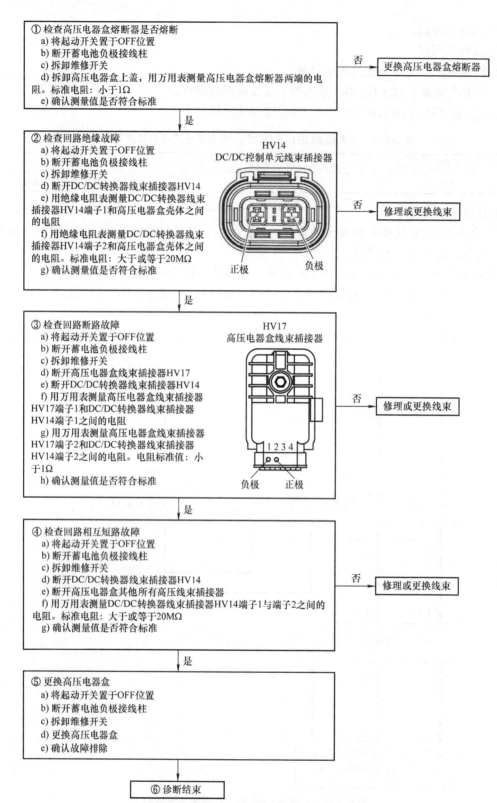

图 5-2-9 丰田 ix4 DC/DC 转换器回路故障诊断

3. 因高压输入电路故障引发的故障诊断

（1）上汽荣威 ERX5 高压输入电路故障诊断

上汽荣威 ERX5 因高压输入电路故障引发的故障码见表 5-2-2。

表 5-2-2　上汽荣威 ERX5 因高压输入电路故障引发的故障码

DTC	FTB	故障描述
P1D68	17	DC/DC 输入电压过高
	16	DC/DC 输入电压过低

① 检验插接器的连接性。

a）检查 DC/DC 转换器线束插接器 HV007 和整车配电单元线束插接器 HV006 是否存在松动、接触不良、扭曲、腐蚀、污染、变形等现象。

b）对于目视有问题的部件进行清洁、维修或更换。

c）连接诊断仪，点火开关置于 ON 位置，使用诊断仪读取故障码，并作记录。

d）清除故障码后，确认未设置 DTC P1D68。

e）如果再次设置了故障码，则检测更换 DC/DC 转换器。

② 检测相关线路

a）将点火开关置于 OFF 位置，车辆静置 5min 以上，操作手动维修开关断开高压电池电源，断开蓄电池负极接线。

b）测量高压电池上高压插接器各端子间、端子与搭铁之间，以及高压线束端高压插接器内的端子之间，确保没有高压电。

c）使用绝缘检测仪器，检测高压电池系统的绝缘值是否在规定的范围内，绝缘检测仪器的测试电压值应高于动力电池的电压值。

d）断开整车配电单元线束插接器 HV006（图 5-2-10），DC/DC 转换器线束插接器 HV007（图 5-2-11）。

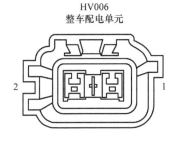

图 5-2-10　整车配电单元线束插接器 HV006 及端子定义

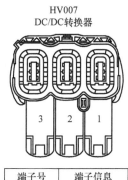

图 5-2-11　DC/DC 转换器线束插接器 HV007 及端子定义

e)测试整车配电单元线束插接器 HV006 端子 2 和端子 1 与搭铁之间的电阻应该为兆欧级。

f)测试直流/直流转换器线束插接器 HV007 端子 1 和端子 2 与搭铁之间的电阻应该为兆欧级。

g)检测/维修相关故障后关闭并重新打开点火开关,再次读取故障码,确认故障码是否继续存在。

若是,转到步骤③;若否,诊断结束。

③检测动力电池。如果经过以上检测和维修后故障码依然存在,则尝试检测动力电池。

(2)丰田 ix4 输入过电压/输入欠电压故障诊断

丰田 ix4 DC/DC 转换器输入回路简图如图 5-2-12 所示。丰田 ix4 输入过电压/输入欠电压故障诊断流程图如图 5-2-13 所示。

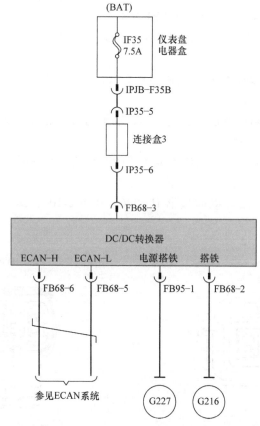

图 5-2-12　高压输入回路电路简图

4. 因自身故障引发的故障诊断

上汽荣威 ERX5 因 DC/DC 转换器自身故障引发的 DC/DC 模式转换超时故障码见表 5-2-3。

项目5 DC/DC转换器结构原理与维修

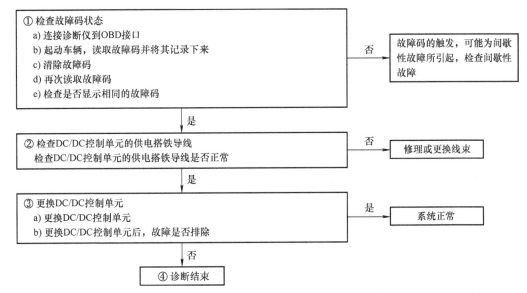

图 5-2-13　丰田 ix4 输入过压 / 输入欠电压故障诊断流程图

表 5-2-3　DC/DC 模式转换超时故障码

DTC	FTB	故障描述
P1D6A	01	DC/DC 模式转换超时

具体诊断流程如下：

① 检查 DC/DC 转换器插接器的安装位置，线束以及插接器是否有磨损或腐蚀的现象。对于目视有问题的可重新调整。

② 连接诊断仪，点火开关置于 ON 位置，使用诊断仪读取故障码，并作记录。

③ 清除故障码后，确认未设置 DTC P1D6A。

④ 如果再次设置了故障码，则检测 / 更换 DC/DC 转换器。

⑤ 如需开盖维修，请寻求专业人员的技术支持。

上汽荣威 ERX5 DC/DC 转换器因自身故障引发的输出电压过高 / 过低故障码见表5-2-4。

表 5-2-4　DC/DC 输出电压过高 / 过低故障码

DTC	FTB	故障描述
P1D66	17	DC/DC 输出电压过高
	16	DC/DC 输出电压过低

具体诊断流程如下：

① 检查 DC/DC 转换器插接器的安装位置，线束以及插接器是否有磨损或腐蚀的现象。对于目视有问题的可重新调整。

② 连接诊断仪，点火开关置于 ON 位置，使用诊断仪读取故障码，并作记录。

③ 清除故障码后，确认未设置 DTC P1D66。

④ 如果再次设置了故障码，则检测 / 更换 DC/DC 转换器。

⑤ 如需开盖维修，请寻求专业人员的技术支持。

读者沟通卡

一、申请课件

本书附赠教学课件供任课教师采用,可在机械工业出版社教育服务网(www.cmpedu.com)注册后免费下载;也可扫描二维码关注"爱车邦"微信订阅号获取课件。

 爱车邦	**免费下载** 教学课件、学习视频、海量学习资料 ➢ 扫描二维码,关注**"爱车邦"** ➢ 点击"粉丝互动"→"视频课件"

二、意见反馈和编写合作

联 系 人:谢元
电　　话:010-88379771
电子信箱:22625793@qq.com
地　　址:北京市西城区百万庄大街 22 号汽车分社
邮　　编:100037